교재 안내 및 사용가이드

* 취지
교인들로 하여금 성경의 가르침을 따라 삶을 설계하여 살므로, 성경이 약속하는 복되고
영광스러운 삶을 경험하며 살도록 돕는 것입니다.

* 개요
주제 : 확실하게 믿고 멋지게 삽시다!
내용 : 삶의 전영역(사명, 시간, 재정, 언어, 자기관리, 인간관계, 몸, 성장, 감사)
구성 : 주 1회 총 12과 (1과 소요시간 2시간 내외)
시간 : 주 1회 약 3개월 과정, 1과 소요(2시간 내외)
방법 : 짧은 강의, 워크숍, 나눔

* 대상
- 교회 항존 직분자들(장로, 권사, 안수집사)
- 교회 지도자들(구역지도자, 소그룹 지도자, 청년리더 등)
- 3040세대 리더
- 성경적 삶의 스타일을 구현해야 하는 모든 그리스도인들

* 진행요령
5-7명 정도를 1개 그룹을 만들어서 강의와 그룹 워크숍을 병행하면서 진행합니다.
1개의 워크숍에 10-15분 정도가 소요됩니다.
1회차에 3개 정도의 소그룹으로 하는 것이 효과적입니다.
1회차 최대의 소그룹 수는 5개 정도가 적절합니다.
예습으로 각 페이지의 아래 있는 답을 찾아 빈칸을 메워오도록 합니다.

* 기대효과
1) 성경적 삶 형성 : 말씀이 삶에 녹아들어 어떤 삶을 형성하는지 경험할 수 있다.
2) 성경적 가치관 형성 : 성경적 관점으로 우리의 삶을 성찰할 수 있게 된다.
3) 리더 양육 : 성경적 삶이 장착된 신앙의 리더를 길러낼 수 있다.

* 세미나 문의 및 연락
에듀빌더스 대표 　　　　　(홍정근 목사 010-5495-0007)
교육목회실천협의회 대표 　(정영택 목사 010-3815-4866)
미래교회연구소 소장 　　　(문재진 목사 010-4703-9556)

CONTENTS

Start,
Change Up

성경적 기초 위에
삶을 설계하라

Start, Change Up
성경적 기초 위에 삶을 설계하라.

 # 오프닝 : 지난 7일 동안에 나는 이렇게 생활해 왔다.

1. 약속 시간이나 마감 시간을 맞추지 못한 것이 2번 이상이다.	예 / 아니오
2. 중요한 서류나 문서, 물건 등을 찾아 헤맨 적이 2번 이상 있다.	예 / 아니오
3. 내가 하나님의 자녀라는 의식하지 않고 지낸 날이 2일 이상이다.	예 / 아니오
4. 나의 성장을 위하여 독서를 한 양이 200페이지 이하이다.	예 / 아니오
5. 나 자신에 대한 실망감 때문에 힘들어 한 것이 2번 이상이다.	예 / 아니오
6. 주님과 1:1로 만나는 시간(말씀, 기도...)이 하루 평균 20분 이하다.	예 / 아니오
7. 30분 이상 땀이 나도록 운동한 것이 3번 이하이다.	예 / 아니오
8. 2번 이상 패스트푸드나 몸에 해로운 음식을 먹었다.	예 / 아니오
9. 주위 사람들에게 짜증을 부리거나 화를 낸 것이 2번 이상이다.	예 / 아니오
10. 주위 사람에게 위로나 안부전화나 메시지를 보낸 것이 2번 이하이다.	예 / 아니오

☞ '예'가 몇 개입니까? (   )개
☞ '아니오'가 몇 개 입니까? (   )개
☞ '아니요'라고 답한 항목에 대해 왜 그런지 이야기해 봅시다.

1. 우리 삶은 5가지 요소로 이루어진다.

마가 12:33
"또 < 마음 >을 다하고 < 지혜 >를 다하고 < 힘 >을 다하여 하나님을 사랑하는 것과
또 < 이웃 >을 < 자기 자신 >과 같이 사랑하는 것이
전체로 드리는 모든 번제물과 기타 제물보다 나으니이다"

이 말씀은 믿음으로 사는 삶을 5가지 구성요소로 설명하고 있다. 믿음으로 산다는 것은 이 5가지 힘을 가지고 하나님을 사랑하고 이웃을 사랑하며 사는 것이다. 5가지는 우리 삶을 구성하는 5개의 기둥과 같다. 그리고 5가지 구성요소는 삶에 필요한 5가지 힘으로 연결된다.

마음(마음의 힘), 지혜(머리의 힘), 힘(몸의 힘), 이웃(인간관계의 힘), 자기 자신(자기관리의 힘)이다.

〈5가지 힘으로 만들어진 삶의 다이아몬드〉

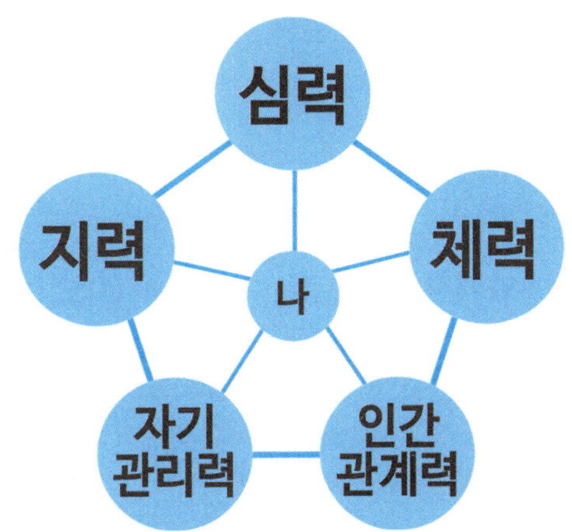

2. 5가지 요소는 에너지를 __________ 요소와 __________ 요소로 나누어진다.

  * 에너지를 얻는 요소 = 하나님을 사랑하는 것 =〉 마음, 지혜, 힘
    이 세 가지는 자기개발의 핵심요소이며, 개발하면 할수록 내 역량이 더 커진다.

  * 에너지를 쓰는 요소 = 사람을 사랑하는 것 =〉 자기자신(시간, 재정, 언어), 이웃
    이 두 가지는 주님이 맡기신 사명과 비전을 위하여 사용해야 하는 요소이다.
    이 두 가지 힘을 자기를 위하여 사용할 때 성경에서 벗어난 모습을 갖게 된다.

워크숍 : 일반 DQ(Diamond Quotient) 알아보기

  우리는 5가지를 가지고 산다.
  마음의 힘, 머리의 힘, 몸의 힘, 자기관리의 힘, 인간관계의 힘이다.
  각각의 힘에 대한 나의 점수는 어느 정도인지 알아보자.
  아래 표의 가운데 지점이 0점이며, 끝 지점이 10점이다.
  해당 점수에 점을 찍어 표시한 후에,
  각각의 점을 연결하여 다이아몬드 모양을 만들어 보자.

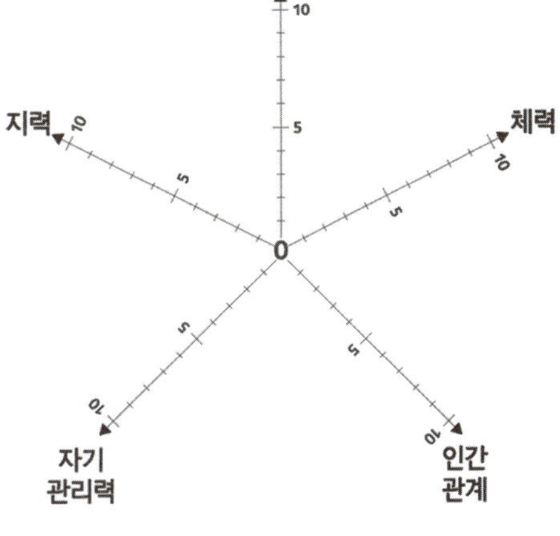

  나눔〉 완성된 다이아몬드 모양을
      조원들에게 보여주며,
      어떤 생각으로 점수를 주었는지
      설명해 보자.

워크숍 : 믿음의 DQ 알아보기

1) 5차원 DQ 측정
아래의 문항을 읽고 해당 점수를 적는다. 점수는 다음과 같다.
'전혀 그렇지 않다'(0점) '그렇지 않은 편이다'(1점) '보통이다'(2점) '그런 편이다'(3점) '아주 그렇다'(4점)

1) 나는 나의 사명과 비전이 무엇인지 확실히 알고 늘 묵상하며 산다.(　)
2) 나의 사명과 비전에는 사역, 성장, 생활과 관련된 것이 균형있게 담겨있다.(　)
3) 나는 매일 규칙적으로 말씀을 묵상하고 기도하며 주님과 교제한다.(　)
4) 나는 마음이나 감정을 하나님의 뜻에 맞추어 믿음으로 조절하고 통제한다.(　)
5) 나는 사람, 사물, 사건 등을 대할 때 예수님처럼 반응한다.(　)
(합계 점수　　점÷2 = 마음의 힘 점수　점)

6) 나는 매사에 성경의 가르침을 기준으로 선과 악, 옳고 그름을 판단한다.(　)
7) 나는 나의 전문성을 높이기 위해 계획성 있게 노력한다.(　)
8) 나는 규칙적인 성경 읽기와 독서로 믿음과 삶의 지혜를 쌓아간다.(　)
9) 나는 일을 하거나 상황에 대처할 때 성경의 가르침을 생각하며 대응한다.(　)
10)나는 변화하는 세상에 대해 관심을 갖고 꾸준히 공부하며 대비한다.(　)
(합계 점수　　점 ÷ 2 = 머리의 힘 점수　점)

11) 나의 몸은 하나님이 주신 것으로 생긴 그대로 귀하고 소중한 것이라 믿는다.(　)
12) 나는 몸을 활성화하기 위하여 필요한 운동을 규칙적으로 하고 있다.(　)
13) 나는 건강한 먹거리를 먹으며 경건하고 건강한 식생활을 한다.(　)
14) 나는 몸을 성결하게 관리하고 주님의 뜻에 맞게 사용한다.(　)
15) 나는 창조적이고 생산적인 일을 위하여 몸을 사용한다.(　)
(합계 점수　　점 ÷ 2 = 몸의 힘 점수　점)

16) 내가 가진 모든 것(시간, 물질, 언어, 지식 등)은 하나님이 주신 것이다.(　)
17) 나는 내가 가진 모든 것을 하나님의 뜻에 맞게 사용한다.(　)
18) 나는 시간을 하나님, 나자신, 가족, 일, 쉼을 위해 적절히 나누어 사용한다.(　)
19) 나는 성경을 따라 부지런하고 창의적인 방법으로 물질을 벌고 또 쓴다.(　)
20) 나는 평소에 덕스럽고 긍정적이고 품위 있게 말을 한다.(　)
(합계 점수　　점 ÷ 2 = 자기관리의 힘 점수　점)

21) 나는 나를 장단점 있는 그대로 받아주신 주님의 마음으로 나를 바라본다.(　)
22) 나는 주변 사람의 장.단점을 하나님의 마음으로 이해하고 바라본다.(　)
23) 나는 주변 사람을 차별없이 돕고 배려하는 태도로 대한다.(　)
24) 나는 윗사람이나 아랫사람이나 동료를 균형 있게 챙기고 섬긴다.(　)
25) 나는 어떤 모임이나 공동체에서 봉사하는 일에 자원하여 나선다.(　)
(합계 점수　　점 ÷ 2 = 인간관계의 힘 점수　점)

2) 각각의 힘 점수를 일반 DQ 다이아몬드 위에 다시 점을 찍어 다이아몬드를 만든다.
3) 일반 DQ와 믿음의 DQ의 모양이 비교해 보면서 어떻게 다른지를 살펴본다.
4) 가장 차이가 나는 부분과 가장 유사한 부분을 찾아서 소개해 본다.

3. 5가지 요소의 중심에는 영성/믿음이 자리를 잡아야 한다.

그리고 영성은 5가지 요소에 충분히 균형있게 녹아들어야 한다.(영성의 원리)

워크숍 : 5가지 요소에 녹아든 영성의 정도 알아보기

나의 경우에, 해당 항목에 영성이 어느 정도까지 채워졌는지를
점수로 계산하여 해당점수에 점을
찍고(10점 만점), 점을 연결하여
다이아몬드를 만들어 보자.

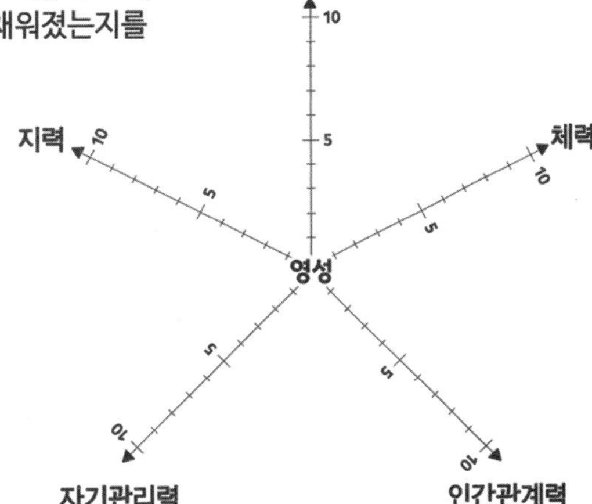

나눔) 각각의 영역에 영성이
어느 정도 채워져 있는지를 점검하고,
왜 어떤 생각으로 그 점수를
주었는지 이야기해 보자.

4. 우리가 할 일은 삶의 5가지 요소에 영성/믿음을 녹여 _______ 하는 것이다.

우리에게는 삶의 5가지 요소를 최대치로 끌어 올려야 하는 사명이 있다.
그리고 삶의 5가지 요소에 우리의 영성/믿음이 충분히 녹아들어야 한다.

5. 삶의 5가지 요소를 최대화하는 것은 _______ 과 싸움이다.(영적 전쟁)

1) 우리의 본성은 _______ 하다. : 불의 추악 탐욕 시기 질투 ... (롬 3:23, 1:26-32)
2) 우리의 본성은 _______ 하다. : 의심 불평 원망 낙심 포기 ... (마 26:41)

6. 이 싸움은 내면과 외면을 채우고 변화시키는 신앙훈련이다.

1) 내면훈련 : 속사람을 은혜로 채우고 말씀으로 변화시키는 훈련
2) 외면훈련 : 겉사람을 은혜로 다스리며 말씀으로 변화시키는 훈련

이런 신앙훈련을 통하여 우리 믿음은 전인적인 성장을 경험하게 되고 일상속에서 복음의 선한 영향력이
확장되는 삶을 살게 된다.

클로징워크숍 : 구호소개

나는 하나님의 다이아몬드,
확실하게 믿고 멋-지게 삽시다!

1) 나는 하나님의 다이아몬드라는 보배의식을 갖자. 벧전2:9 "그의 소유가 된 백성"
2) 성경을 따라 바르게 믿자. (미신 맹신 극복) 벧후3:13-14 "배우고 확신한 일에 거하라"
3) 어떤 시련과 유혹 앞에서도 흔들리지 않는 믿음을 갖자. 고전15:58 "흔들리지 말고"
4) 항상 기뻐하고 범사에 감사하는 밝은 모습을 갖자. 요4장(수가성 여인), 바울 감옥감사
5) 섬기고 배려하고 친절한 따뜻한 모습을 갖자. 눅19장 삭개오
6) 주님의 향기를 풍기는 품위있는 모습을 갖자. 막5장 거라사 광인, 벧후1:4-7, 행2:47

❶

습관1.
나를 향한 하나님의
비전을 항상 묵상하라

습관1. 나를 향한 하나님의 비전을 항상 묵상하라.

 # 오프닝 : 인생 청문회

1. 아래의 질문에 '예', '아니오'로 답한다.

    1) 당신은 무엇을 위해 창조되었는지 알고 있는가?   예 / 아니오

    2) 당신은 무엇을 위해 사는지를 알고 있는가?   예 / 아니오

    3) 당신은 당신의 삶이 어떤 의미를 갖고 있는지 알고 있는가?   예 / 아니오

    4) 당신은 무엇을 위해 공부하거나 일을 하는지 알고 있는가?   예 / 아니오

    5) 당신은 당신이 어디서 왔는지 알고 있는가?   예 / 아니오

    6) 당신은 당신이 장차 어디로 갈 것인지를 알고 있는가?   예 / 아니오

    7) 당신은 무엇을 위해 기도하고 은혜를 받아야 하는지 알고 있는가?   예 / 아니오

    8) 당신은 무엇을 위해 건강을 돌보아야 하는지 알고 있는가?   예 / 아니오

    9) 당신은 무엇을 위해 시간, 재정, 언어 관리를 잘해야 하는지 알고 있는가?   예 / 아니오

    10) 당신은 무엇을 위해 하나님이 당신을 구원하셨는지 알고 있는가?   예 / 아니오

    ☞ '예'가 몇 개인가? (　　)개
    ☞ '아니오'가 몇 개 인가? (　　)개

2. 다음 그림에서 항해하는 배와 표류하는 배는 어느 배일까요?

 vs 

3. 왜 그렇다고 생각합니까?

4. 1번 결과를 볼 때, 당신은 지금 항해하고 있습니까? (　) 표류하고 있습니까? (　)

▣ 성경적 가르침 - 사명 진술문(Vision statement)

1. 우리 삶은 사명과 비전을 찾아가며 이루어가는 ______적인 여정이다. (사55:9)

〈요셉의 꿈이야기에 담긴 교훈〉
요셉은 어릴 때 꾸었던 꿈이 무슨 의미인지를 알았을까요?
요셉은 애굽의 총리를 꿈꾸며 기도하고 노력했을까요?

〈모세의 사명 이야기에 담긴 교훈〉

시기	사명 / 비전	역량 / 실력	열정 / 헌신	성공여부
40세	민족해방(내 꿈)	충분	충분	?
80세	민족해방(하나님 꿈)	부족	부족	?

나눔〉 성공과 실패의 차이는 어디에서 온 것일까?
모세의 사명과 비전 이야기에서 깨닫게 되는 점은 무엇인가?

2. 우리는 하나님의 영광과 하나님의 나라를 위하여 살도록 부름을 받았다.
하나님께 영광과 하나님의 나라는
우리가 붙들어야 할 삶의 핵심가치요 목적이다. (사43:7, 고전10:31;마6:9-10, 마6:33)

3. 하나님이 우리에게 맡기신 사명은 5가지로 정리할 수 있다.
내 꿈보다 더 중요하게 먼저 생각해야 하는 것은 하나님의 꿈이다.

사명1- 성별된 삶으로 주님을 닮아가는 것(성화) 마5:16 벧전1:15

사명2- 세상모든 민족에게 복음을 전파하는 것(복음전파) 행20:24 막16:15

사명3- 주님의 제자를 길러내는 것(제자양육) 마 28:19-20

사명4- 주님의 몸된 공동체를 세우는 것(공동체 건설) 고전12:26 엡4:15-16

사명5- 주님의 사랑으로 이웃을 섬기는 것(이웃봉사) 막12:33

모든 그리스도인은 이 5가지 사명을 보편적으로 갖는다. 하지만 사람마다 주된 사명(main mission)은 다르다. 한 사람은 대개 2개 정도의 주된 사명을 갖는다. 그 사람에게 나머지 사명은 보조적 사명(sub-mission)이 된다. 그리스도인은 자기에게 주어진 주된 사명을 찾아서 그 사명에 집중해야 한다. 누구나 자신의 주된 사명을 찾아 그 사명에 집중해야 한다. 그리고 주된 사명은 비전을 세울 때 필요한 기초가 된다.

워크숍 : 사명의 다이아몬드 그려보기

해당 항목에 대한 나의 점수에 점을 찍고(10점 만점), 점을 연결하여 다이아몬드를 만들어 나누어
보자.

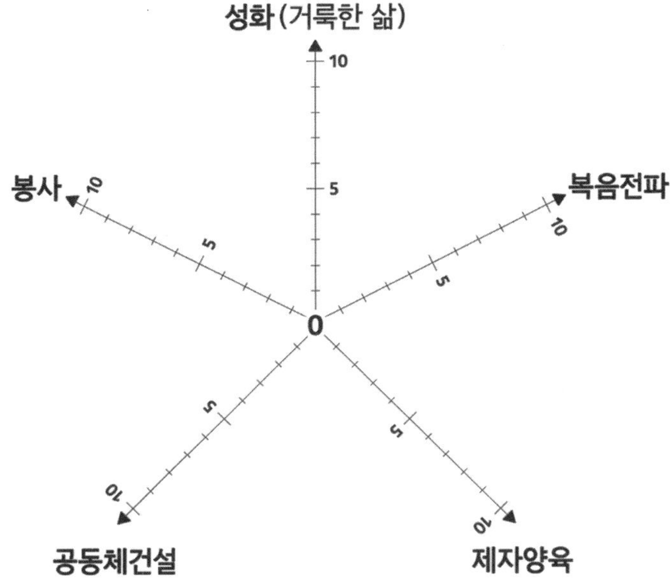

나눔〉 나의 주된 사명은 무엇인지 1-2개 정도로 정리해서 소개하며 나누어 보자.

4. 사명을 이루어가는 비전은 __________ 를 갖고 있다.

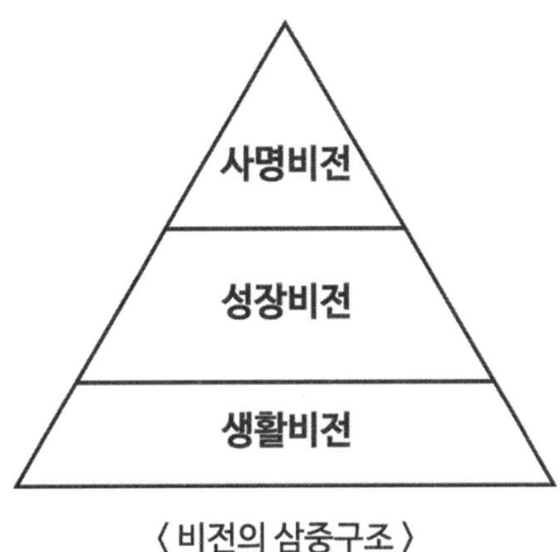

〈 비전의 삼중구조 〉

*사명비전이란, 주된 사명을 이루기 위하여 하나님이 주신 꿈이다.
*성장비전이란, 내면의 성장이나 자아의 실현을 위하여 기도하며 내가 세운이다.
*생활비전이란, 안정되고 행복한 생활을 위하여 기도하며 내가 세운 꿈이다.

워크숍 : 비전의 삼중구조 진단하기

해당 항목에 대한 나의 점수에 점을 찍고(10점 만점), 점을 연결하여 다이아몬드를 만들어 나누어 보자.

워크숍 : 비전의 삼중구조 설계하기

1) 아래의 빈 칸을 마음껏 채워 보자. (돈은 제외한 나의 버킷리스트를 구체적으로)

너무 갖고 싶은 것	너무 배우고 싶은 것	너무 하고 싶은 것	너무 이루고 싶은 것	주님을 위하여 너무 하고 싶은 일

2) 위에 기록한 내용을 토대로 나의 비전들을 아래에 정리해 보자.

사명비전
(1) ____
(2) ____
(3) ____

성장비전
(1) ____
(2) ____
(3) ____

생활비전
(1) ____
(2) ____
(3) ____

나누기〉
- 각 자의 사명비전, 성장비전, 생활비전을 이야기해 보자.
- 나의 비전은 세 가지 비전이 균형을 이루고 있는지 이야기 해보자

5. 사명과 비전은 꾸준히 주님의 인도를 받으며 발전시켜가야 한다.

우리는 ;
1) 날마다 ＿＿＿＿＿을 묵상하고 ＿＿＿＿＿하며 나를 향한 주님의 음성을 듣는다.
2) 자기 자신의 ＿＿＿＿＿＿＿＿＿＿＿＿을 잘 파악하며 성찰한다.
3) ＿＿＿＿＿＿＿＿＿를 잘 살피고 주변과 시대의 ＿＿＿＿＿에 귀를 기울인다.
4) 주님이 나에게 주시는 사명과 비전을 찾아서 생각을 ＿＿＿＿＿한다.
5) 구체화된 사명과 비전들을 ＿＿＿＿＿으로 만든다.
6) 문장은 다듬어 ＿＿＿＿＿로 만든다. (사명진술문)
7) 날마다 사명 진술문을 ＿＿＿＿＿하며, 실행하고 수정하고 다듬고 ＿＿＿＿＿시켜간다.

워크숍 : 나의 사명진술문 만들기

<table>
<tr><td colspan="2" align="center">나의 사명 진술문</td></tr>
<tr>
<td>
사명비전
1) ＿＿＿＿＿＿＿＿＿＿＿＿＿＿＿＿
2) ＿＿＿＿＿＿＿＿＿＿＿＿＿＿＿＿
3) ＿＿＿＿＿＿＿＿＿＿＿＿＿＿＿＿

성장비전
1) ＿＿＿＿＿＿＿＿＿＿＿＿＿＿＿＿
2) ＿＿＿＿＿＿＿＿＿＿＿＿＿＿＿＿
3) ＿＿＿＿＿＿＿＿＿＿＿＿＿＿＿＿

생활비전
1) ＿＿＿＿＿＿＿＿＿＿＿＿＿＿＿＿
2) ＿＿＿＿＿＿＿＿＿＿＿＿＿＿＿＿
3) ＿＿＿＿＿＿＿＿＿＿＿＿＿＿＿＿
</td>
<td>
사명비전 실행계획
1) ＿＿＿＿＿＿＿＿＿＿＿＿＿＿＿＿
2) ＿＿＿＿＿＿＿＿＿＿＿＿＿＿＿＿
3) ＿＿＿＿＿＿＿＿＿＿＿＿＿＿＿＿

성장비전 실행계획
1) ＿＿＿＿＿＿＿＿＿＿＿＿＿＿＿＿
2) ＿＿＿＿＿＿＿＿＿＿＿＿＿＿＿＿
3) ＿＿＿＿＿＿＿＿＿＿＿＿＿＿＿＿

생활비전 실행계획
1) ＿＿＿＿＿＿＿＿＿＿＿＿＿＿＿＿
2) ＿＿＿＿＿＿＿＿＿＿＿＿＿＿＿＿
3) ＿＿＿＿＿＿＿＿＿＿＿＿＿＿＿＿
</td>
</tr>
<tr><td colspan="2" align="right">수정일   년   월   일
(서명)</td></tr>
</table>

②

습관2.
성경적 원리로
시간을 통제하라

습관2. 성경적 원리로 시간을 통제하라.

 # 오프닝 : 내가 시간을 사용하는 원칙 나누기

1. 모든 시간의 주인은 __________ 이다.
　내가 사용할 뿐이지, 내 것이 아니라 하나님의 것이다.

2. 시간은 ________과 직결된 선물이다.
　1) 시간은 그 자체가 __________이다. 삶 자체가 사명이다.
　2) 또한 시간은 사명을 __________ 것이다. 사명을 잃으면 방황한다.

3. 모든 시간은 ________과 ________이 교차하며 흘러간다.
　＊창 1:5, 2:2
　＊출 20:8-11

4. 시간에는 두 종류, 계획할 수 ________시간이 있고 계획할 수 ________시간이 있다.
　1) 물리적인 시간 : 크로노스의 시간이며, 계획이 가능하다.
　2) 섭리적인 시간 : 카이로스의 시간이며, 계획이 불가능하다.
　　그러므로 우리는 계획과 맡김 사이에서 살아간다.

5. 인생시간표에는 _________가 있다.
1) 표준 시간표 – 일반적이고 평균적인 시간표이다.
2) 개인 시간표 – 나만의 시간표이다.

6. 우리는 _________의 시간 꾸러미를 갖고 있다.
5개의 시간 꾸러미는 성경적인 삶에 꼭 필요한 요소이다.
5개 중에서 1개라도 없으면 삶의 균형이 무너진다.

꾸러미1) 하나님 교제(God) : 마음운동... 창19:27, 28:18 출34:4 시5:4 마6:33 요3서 2
꾸러미2) 자기개발(Self) : 심지체를 개발... 창3:9
꾸러미3) 가족 돌봄(Familiy) : 생활과 부부 자녀 챙김 요한19:26-27
꾸러미4) 일과 사역(Ministry) : 일과 선교, 봉사, 장학(교육) 활동 창1:28
꾸러미5) 쉼과 여가(Rest/Leisure/Culture) : 여가와 문화 활동 창2:3, 출20:8

#워크숍
해당 항목에 대한 나의 점수에 점을 찍고(10점 만점),
점을 연결하여 다이아몬드를 만들어 나누어 보자.

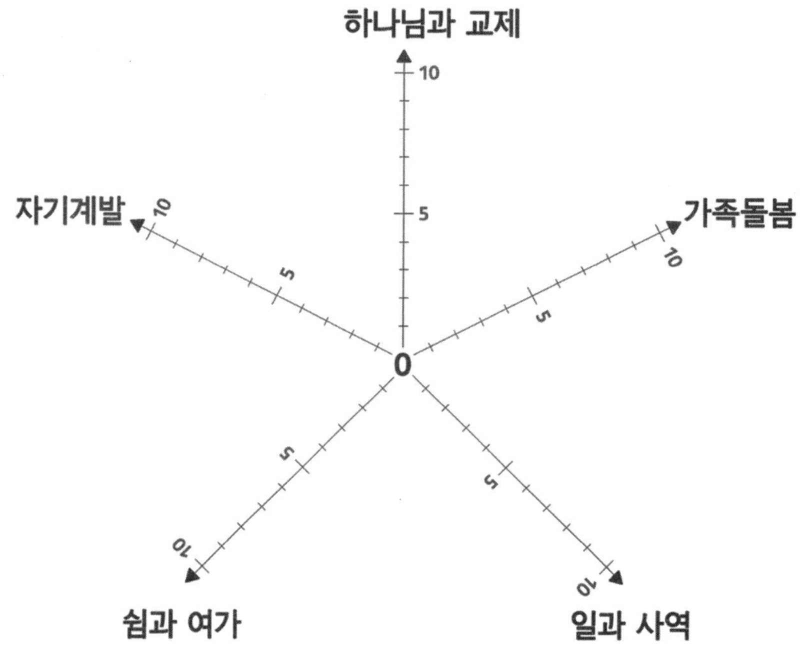

7. 각각의 꾸러미에는 여러 가지 목록(list)들이 들어 있다. (목록의 원리)
그리고 각각의 목록들은 정확한 위치의 꾸러미에 자리를 잡아야 한다.

워크샵

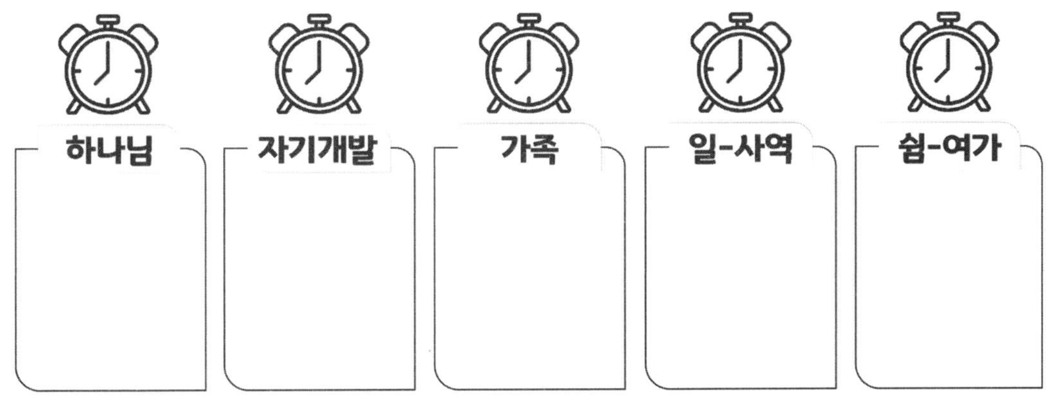

8. 똑같은 일(목록)이라도 들어가는 꾸러미의 ________는 사람마다 달라진다.
같은 목록이라도 그 사람의 위치나 입장(목사, 주부, 교사, 회사원 ...)에 따라 꾸러미의 위치가 달라진다.

워크숍 : 목록에 대한 꾸러미의 위치 워크숍

집안청소(   ) 새벽기도(   ) 성경읽기(   ) 식사(   ) 개인기도(   ) QT(   )
전도(   ) 영화감상(   ) 운동(   ) 독서(   ) 음악감상(   ) 티타임(   )
TV시청(   ) 고객접대(   ) 여행(   ) 환자방문(   ) 산책(   )
보고서작성(   ) 회사회식(   ) 정원가꾸기(   ) 친지방문(   ) 회의(   )
세미나참석(   ) 단기선교(   ) 교회청소(   ) 봉사활동(   ) 성지순례(   )

9. 5개의 꾸러미는 ______에 따라 지켜야 할 ________가 있다.
우선순위가 바로 서야 분주한 중에도 안정되고 효율적인 삶을 살 수 있다.
우선순위가 잘못되면 쉽게 지치고 삶의 효율이 떨어지게 된다.
꾸러미의 크기는 사람의 위치나 입장에 따라 다르다.
꾸러미가 크다고 우선순위가 더 앞서는 것은 아니다

10. 하루를 __________ 으로 나누어 관리하라. (네 묶음의 원리)

묶음	언제	무엇을 (일정목록)
이른 아침		
오전		
오후		
저녁		

11. 시간의 양을 늘리는 법을 숙지하라.

누구에게나 주어진 시간은 똑같다. 하나님은 우리 모두에게 하루 24시간을 허락하셨다.
지혜로운 청지기는 주어진 조건에서 시간의 활용성(시간의 양)과 시간의 질을 최대한 높여서 시간을
사용한다. 즉 시간의 양을 늘리고, 시간의 질을 높이는 것이 시간 사용의 핵심적인 문제이다.
먼저 시간의 양을 늘리는 법을 살펴보자.

1) 일찍 자고 일찍 일어나라.
2) 해야 할 일은 미루지 말고 즉시 처리하라.
3) 밀려오는 일은 기준을 세워 지혜롭게 거절하라.
4) 단순한 일은 동시해결(멀티 테스킹)을 활용하라.
5) 시간은 금이다. 금가루를 점검하라.

워크숍 : 시간의 양을 늘리는 법에 대하여

해당 항목에 대한 나의 점수에 점을 찍고(10점 만점),
점을 연결하여 다이아몬드를 만들어 나누어 보자.

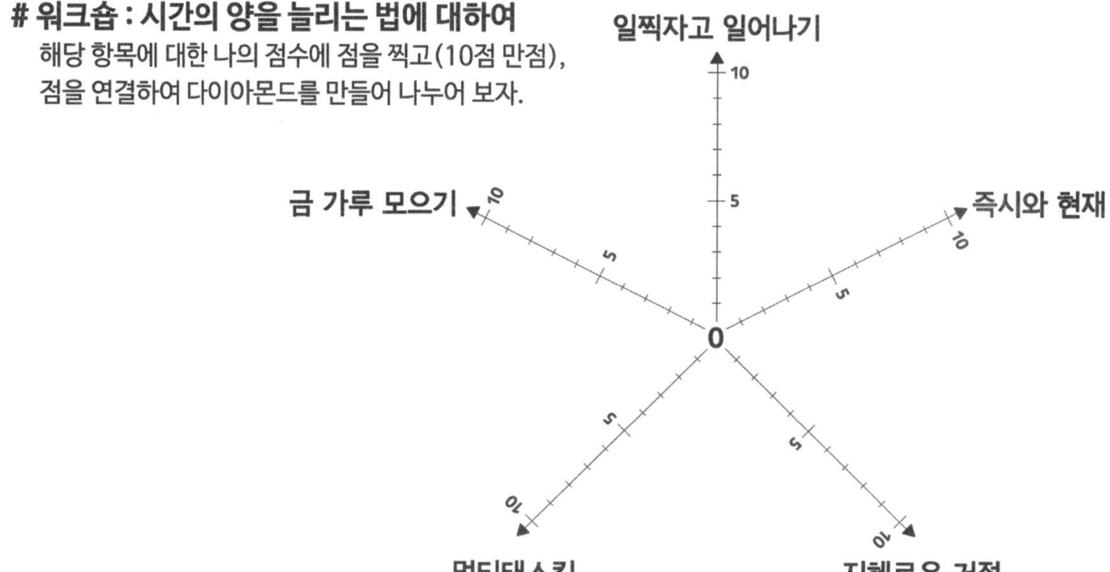

12. 시간의 질을 높이는 법을 숙지하라.

1) 주일과 시간의 십일조를 주님께 드려라. 하나님 중심으로 시간을 설계하라.

2) 골든타임 : 최상의 신체리듬과 최적의 시간(20/80법칙)을 찾으라.

3) 자발적 긴장감을 갖고 현재에 집중하라.

4) 규칙적인 우선멈춤을 통해 잠깐 기도하므로 마음을 조율하라.

5) 정기적인 안식/휴식을 생활화하라.

워크숍 : 시간의 질을 높이는 법에 대하여

해당 항목에 대한 나의 점수에 점을 찍고(10점 만점), 점을 연결하여 다이아몬드를 만들어 나누어 보자.

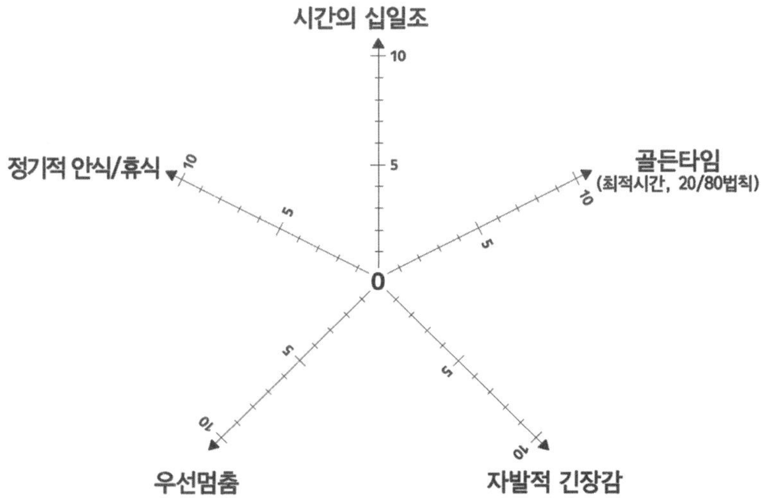

13. 시간의 양을 늘리고, 질을 높이기 위하여 ____________를 작성하여 활용하라.

가치 시계부란, 가치 중심의 우선순위를 따라
그날의 목록을 작성하여 시간을 관리하는 도구이다. (플래너)

가치시계부 작성법은 ;

1) 전날 저녁에 가치의 우선순위에 따라
'다음 날 해야 할 일의 __________'을 작성하라. (목록중심의 시간관리)

2) 당일 아침에 오늘 해야 할 일의 __________를 점검하라.

3) 하루를 __________으로 나누어 일의 성격에 따라
__________ 시간에 목록을 배치하여 __________를 작성하라.

4) 오늘을 기대하며, 주님의 은혜를 구하며 __________ 하라.

5) 하루를 마무리 하면서 __________의 목록(List)를 작성하라.

클로징워크숍 : 가치의 우선순위에 따른 목록(세미나 마친 다음 날 할 일들)

세미나 마친 다음 날 할 일들(Lists)

클로징워크숍 : 가치시계부 – 세미나를 마친 다음 날의 일정

묶음	언제	무엇을(일정목록)
이른 아침		
오전		
오후		
저녁		

습관3.
마음운동으로
마음의 힘을 충전하라

습관3. 마음운동으로 마음의 힘을 충전하라.

오프닝 : 마음의 건강 상태 알아보기
건강한 마음은 5가지 요소를 고루 갖추고 있어야 한다.

1) 근   력 : 힘든 부담감이나 압박감을 감당하는 힘
2) 지구력 : 힘든 시간이나 상황을 포기, 낙심하지 않고 버티는 힘
3) 유연성 : 주어진 상황/문제를 유연하게 생각하며 공감하고 포용하는 힘
4) 민첩성 : 주어진 상황/문제에 민첩하게 반응하고 대응하는 힘
5) 회복력 : 외부의 유혹(미혹)이나 고난을 소화하고 극복하는 힘

워크숍
해당 항목에 대한 나의 점수에 점을 찍고(10점 만점), 점을 연결하여 다이아몬드를 만들어 나누어 보자.

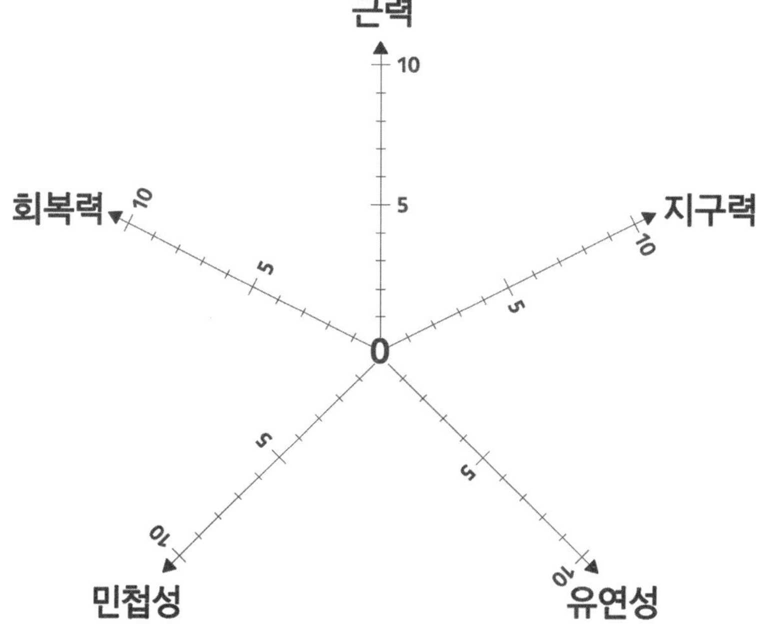

나눔〉
1. 나의 강점과 약점에 대해 이야기 해 보자.
2. 약점의 원인에 대해 생각해 보고 이야기 해 보자.
3. 이 5가지 요소에 나의 믿음이 각각 어떻게 작용하는지 이야기 해 보자.

워크숍 : 마음의 독소 청소하기(디톡스)

우리 마음에는 마음의 건강을 해치는 독소들이 알게 모르게 자리잡고 있다.

성경은 이를 가리켜 쓴 뿌리라고 한다. (히12:14-17)

우리는 마음의 독소들을 제거하므로 은혜의 자리로 온전히 나아갈 수 있다.

1) 위에 적혀있는 독소들 중에서 내 마음에 유독 많이 쌓여 있는 독소 5개를 찾아서 아래의
   독소 다이아몬드 그림에 적어 보자.

> 미움/증오, 불안/염려, 원망, 분노, 비관, 우울, 교만/자만, 이기심, 시기/질투,
> 비교의식/경쟁의식, 열등감, 교만/오만, 의심/불신, 게으름/나태, 핑계대기/합리화, 탐욕,
> 낙심/절망, 비관, 자기정죄, 자기비하, 자학, 우월감, 낮은 자존감, 죄책감, 자만심 …

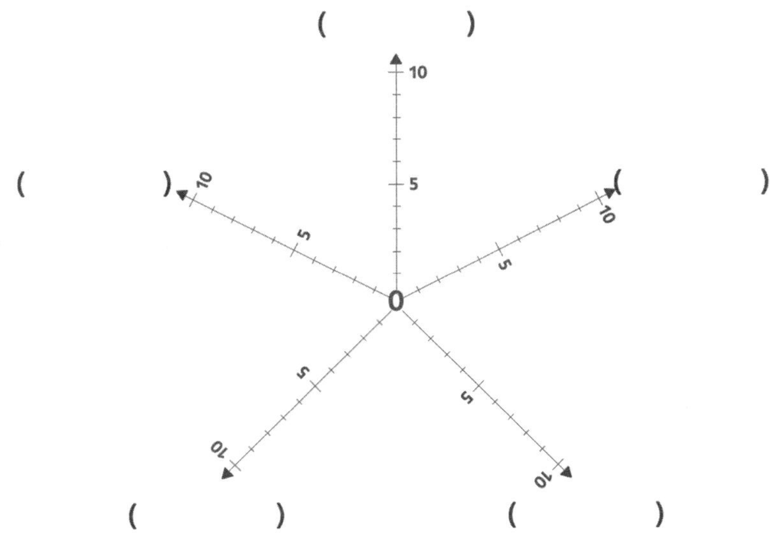

2) 해당 독소의 점수에 점을 찍고, 그 점을 선으로 연결시켜서 독소 다이아몬드를 만들어 보자.

3) 독소 다이아몬드 모양을 서로 소개하며 나누어 보자.

4) 그동안 마음속의 독소들을 어떻게 극복해 왔는지, 어떤 어려움이 있는지 이야기해 보자.

1. 우리가 가져야 할 마음의 힘에는 5가지가 있다.

5가지의 마음의 힘은 사명력, 긍정력, 신뢰력, 반응력, 이타력이다.

1) 유혹과 시련을 극복하며 사명과 비전을 붙들고 달려가는 힘 : __________ 행전20:23-24
2) 범사에 감사하며 항상 긍정적인 마음을 갖는 힘 : __________ 살전5:16
3) 어떤 고난과 역경 중에도 선하신 하나님을 신뢰하는 힘 : __________ 사26:3, 롬8:28
4) 모든 사람, 일, 현상에 대해 예수님처럼 느끼고 반응하는 힘 : __________ 빌2:5
5) 다른 사람의 입장에서 생각하고 상대를 배려하는 힘 : __________ 요한1서4:11

워크숍 : 내 마음의 힘 측정하기

해당 항목에 대한 나의 점수에 점을 찍고(10점 만점), 점을 연결하여 다이아몬드를 만들어 나누어
보자.

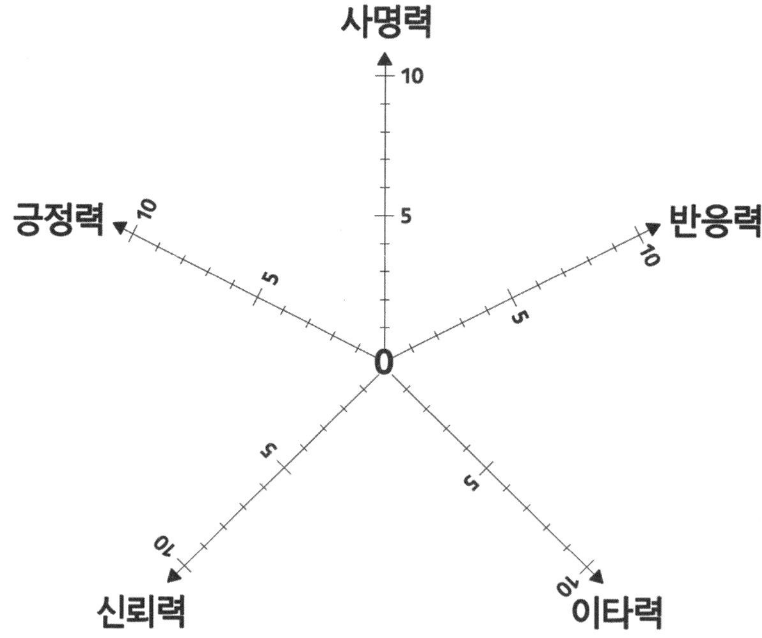

2. 마음의 힘은 어디에서 오는지를 바르게 알아야 한다.

워크숍

나는 그동안 마음의 힘을 얻기 위해 어떤 노력을 어떤 방법으로 해 왔는가?
세 가지를 기록하고 나누어 보자.

어떤 노력을	어떤 방법으로(구체적으로)

우리에게 필요한 마음의 힘은 주님의 __________로 주어지는 힘이다.
마음의 힘은 내면의 수련이나 긍정적인 사고방식에서 생기는 것이 아니다.
적극적 사고방식, NLP, 명상, ... 등을 경계해야 한다.
마음의 힘을 키우기 위해서는 성경적인 __________이 필요하다.

3. 마음의 힘을 얻는 신앙적인 마음 운동은 어떻게 하나? (7가지 마음운동법)

교회는 오랜 역사를 통하여 마음의 힘을 기르고 다스리는 여러 노력들을 해 왔다.

7가지 마음 운동법은 일상생활속에서 개인적으로 자연스럽게 할 수 있는 운동법이다.

따라서 예배와 기도회, 말씀공부 그리고 QT, 집중기도(금식, 철야, ...)는 예외로 한다.

7가지 마음운동법을 익히면, 마음의 힘을 키우며 마음을 잘 다스릴 수 있다.

1) 말씀비타민 : 매일 _________을 섭취하며 주님과 말씀으로 대화하라. (신6:6, 시1:1-2)
2) 호흡기도 : _____이 기도가 되도록 호흡하며 기도하라. (살전5:17, 숨기도)
3) 멈춤기도 : 정해진 시간(알람시간)에 하든 일을 멈추고 잠간 _____하라. (누가22:39)
4) 입술의 찬양 : 수시로 익숙한 찬양 가사를 깊이 묵상하는 _____을 하라. (시37:4)
5) 주기도묵상 : 주기도문의 단어 하나하나를 음미하며 _____하라. (마6:9-13)
6) 셀프블레싱 : 수시로 주님의 이름으로 스스로를 _____하고 _____하라.
7) 감-성 일기 : 매일 잠들기 전에 하루를 _______와 _______로 마무리하라.

워크숍 : 말씀비타민

말씀비타민	요절말씀으로 주님과 문자로 대화하기

여호와는 나의 목자시니 내게 부족함이 없으리로다
그가 나를 푸른 풀밭에 누이시며 쉴 만한 물 가로 인도하시는도다
내 영혼을 소생시키시고 자기 이름을 위하여 의의 길로 인도하시는도다
- 시편 23:1-3 -

주님으로부터 받은 문자

주님께 보낸 답 문자

새벽기도/큐티	
멈춤 기도	
호흡기도	
입술의 찬양	
주기도 묵상	
셀프 블레싱	셀프 블레싱에서 소개함
감사와성찰일기	감-성일기에서 소개함

워크숍 : 호흡기도

기본형 : 들숨-하나님의 아들이신 주 예수님, 날숨-이 죄인을 불쌍히 여기소서
변환형 : (화가 치밀 때) 들숨-주 예수님, 날숨-감정에 잘 통제하게 하옵소서
(마음이 우울할 때) 들숨-주 예수님, 날숨-부활의 은혜를 주옵소서

워크숍 : 멈춤기도

1) 매일 am6시, am9시, am12시 pm3시 pm6시 pm9시 알람을 맞춘다.
   (3-6-9-12기도)
2) "주님, 제가 주님의 자녀임을 잊지 않게 하옵소서"
   "주님, 십자가의 주님을 기억하게 하옵소서"
   "주님, 저는 그리스도인입니다. 긍지와 자부심을 갖게 하옵소서"

워크숍 : 입술의 찬양

1) 찬양 가사 : "찬양하라 내 영혼아 내 속에 있는 것들아 다 찬양하라"
2) 가사 묵상 : 가사의 단어 하나 하나를 깊이 음미하며 묵사하면서 찬양한다.

워크숍 : 주기도문 묵상

주기도문의 단어나 조사 등에 담긴 의미를 하나 하나 음미하면서 기도를 드린다.
"하늘. 에. 계신. 우리. 아버지. 이름을 ..... 일용할. 양식을.... 시험에... 아멘"

나눔〉 7가지 마음운동법을 통해 깨닫게 된 점은 무엇인지 이야기해 보자

④

습관4.
혁신으로
성장하라

습관4. 혁신으로 성장하라.

오프닝 : 자기개발 점검

스스로를 개발하고 성장하기 위하여 어떤 노력을 하고 있는지를 생각하며, 자기개발 상황을 점검해 보자.

해당 항목에 대한 나의 점수에 점을 찍고(10점 만점), 점을 연결하여 다이아몬드를 만들어 보자.

1) 꾸준하고 체계적인 독서 : 인문사회과학 + 전문분야 + 미래학
2) 개인적 연구개발 : 관심영역에 대한 구체적이고 실제적인 연구 및 개발
3) 관련자료수집 : 전문영역이나 관심영역과 관련한 자료수집
4) 체계적인 전문교육참여 : 전문수료과정, 자격증 과정, 학위과정...
5) 강연.세미나 참석 : 다양한 강의 강연 세미나 등 참석

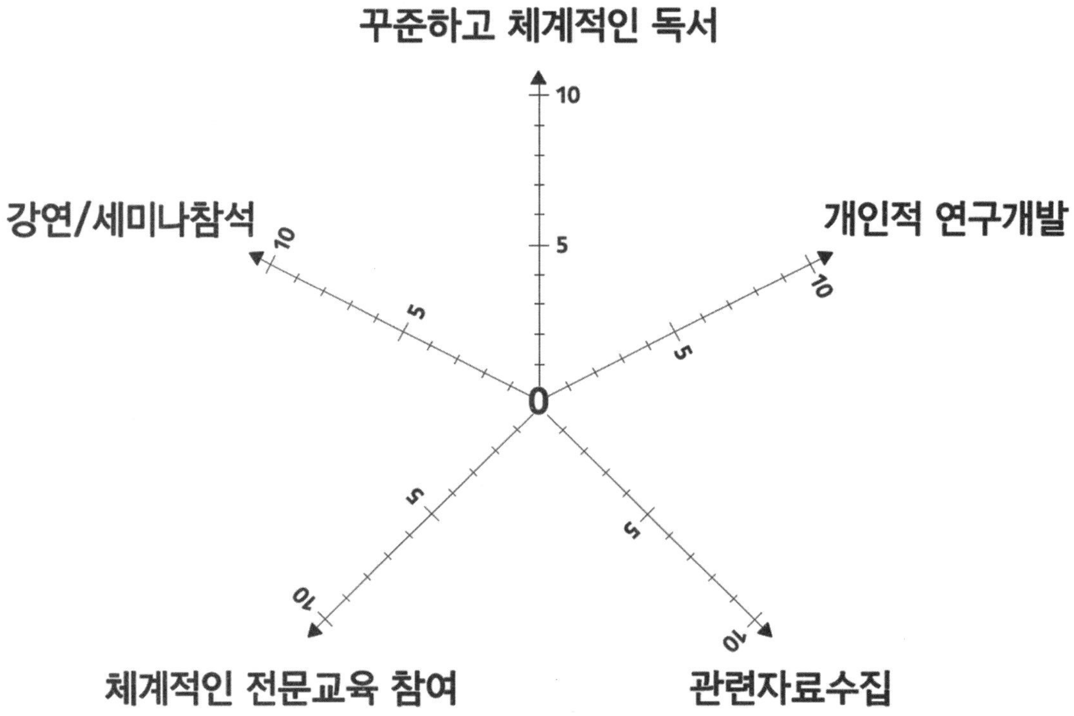

나눔〉 현재 나의 상태를 소개하며 이야기 해 보자.

1. 성장하라

    1) 성장은 _________ 명령이다. (엡4:15, 벧후3:18)
    2) 성장은 _________ 욕구이다.
    3) 성장은 _________ 요청이다.

2. 먼저 기본역량을 다져라.

    1) 업리치(UP-REACH) : 하나님과의 관계 – 경건과 신뢰
    2) 인리치(IN-REACH) : 자기관리의 역량 – 자기성찰과 자아존중감
    3) 아웃리치(OUT-REACH) : 타인과의 관계역량 – 배려와 환대, 섬김

워크숍 : 기본역량의 삼각형

해당 항목에 대한 나의 점수에 점을 찍고(10점 만점), 점을 연결하여 다이아몬드를 만들어 나누어 보자.

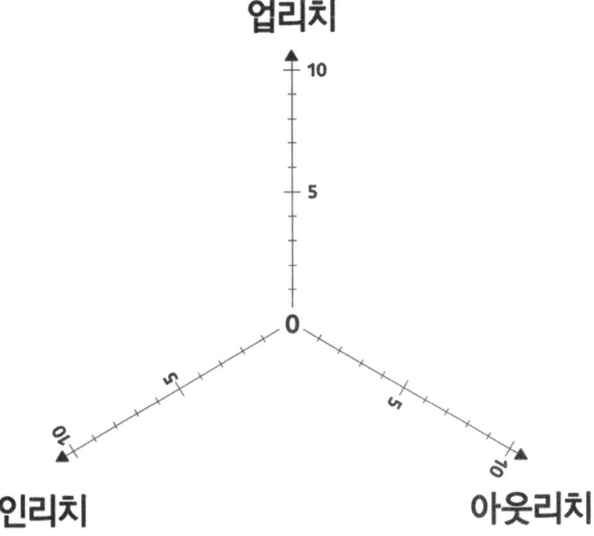

나눔〉 나의 기본역량 삼각형은 어떤 모습인지 이야기 해 보자.

3. 자기성장의 5요소를 점검하라.

건강한 자기 성장은 5가지 요소가 나선형 행태를 띈다.

    1) _________ 자기발견 : 자신의 재능과 관심과 능력을 정확하게 파악하라!
    2) _________ 자기개발 : 꾸준히 자신의 역량을 계발하므로 성장하라!
    3) _________ 자기통제 : 선하고 경건한 생활로 좋은 이미지를 만들어가라!
    4) _________ 자기경영 : 나만의 경쟁력으로 스스로를 브랜드화 하라!
    5) _________ 자기혁신 : 끊임없이 자기 변화와 혁신을 위해 노력하라!

워크숍 : 자기성장 다이아몬드
해당 항목에 대한 나의 점수에 점을 찍고(10점 만점),
점을 연결하여 다이아몬드를 만들어 나누어 보자.

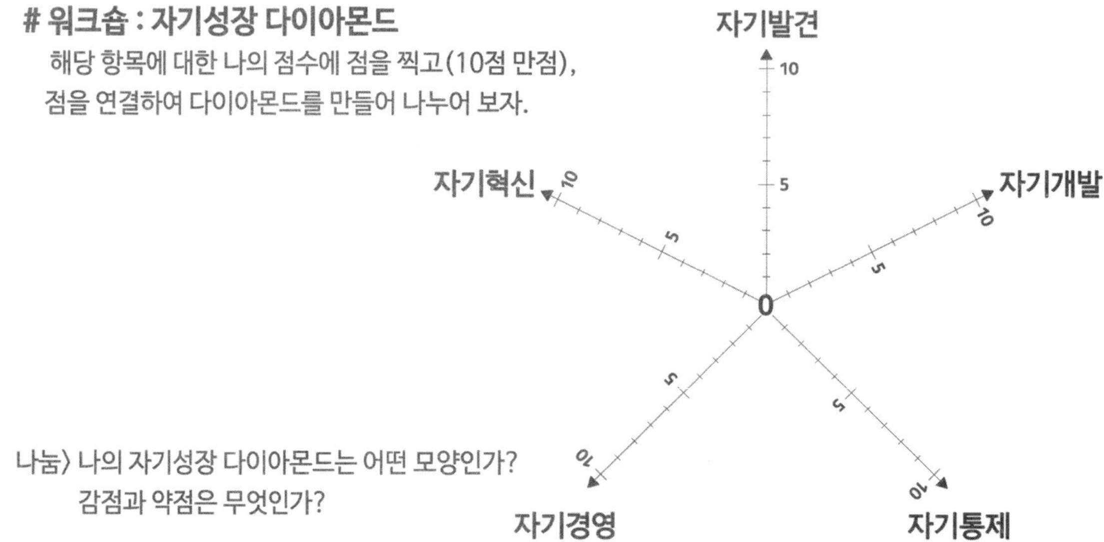

나눔〉 나의 자기성장 다이아몬드는 어떤 모양인가?
감점과 약점은 무엇인가?

4. 지속가능한 삶을 위한 미래역량을 키우라.
1) 활성화된 몸 만들기 : 바른 자세 +식생활+숙면+운동+배변 점검
2) 안정된 생활 준비 : 경제적 준비
3) 친밀한 관계 형성 : 가족관계+교우관계 점검
4) 재미있는 활동 준비 : 취미생활+봉사활동 준비
5) 보람있는 활동 준비 : 선교+봉사+교육적 사역

워크숍 : 미래역량 다이아몬드
해당 항목에 대한 나의 점수에 점을 찍고(10점 만점),
점을 연결하여 다이아몬드를 만들어 나누어 보자.

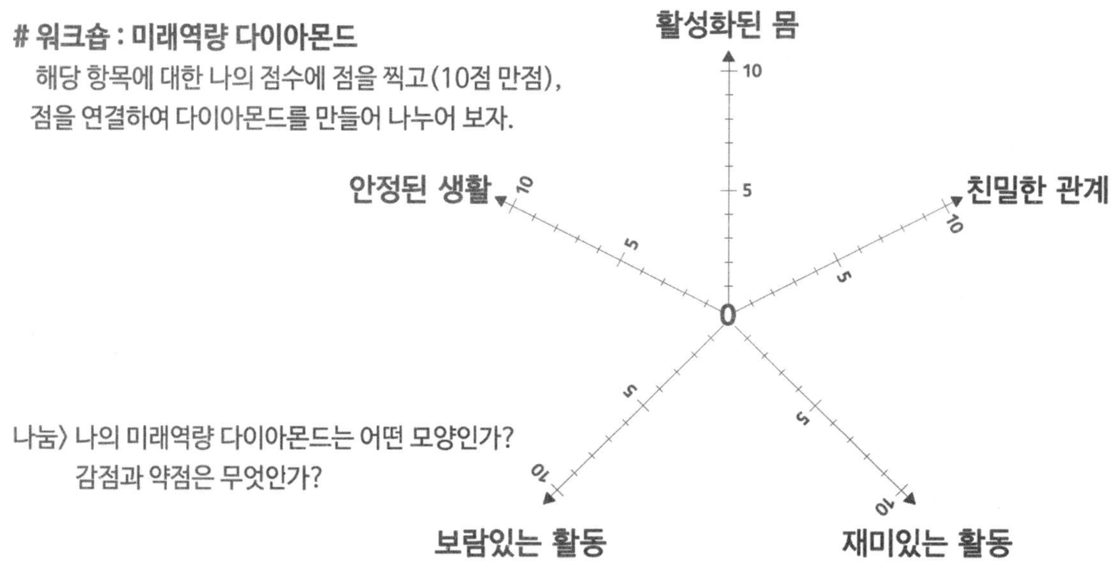

나눔〉 나의 미래역량 다이아몬드는 어떤 모양인가?
감점과 약점은 무엇인가?

5. 부단한 자기개발을 통해 착하고 충성된 청지기가 되라.

우리는 다양한 위치(사업가, 직장인, 주부, 학생…)에서 다양한 역할을 수행하며 산다.
착하고 충성된 청지기를 주님께서 주신 "재능"과 "관심분야"가 무엇인지를 찾아서
맡겨진 "역할수행"에 필요한 것이 무엇인지를 생각하며 스스로를 개발하는 일에 힘쓴다.

나눔〉 이런 점에서 볼 때, 나는 착하고 충성된 종인가? 악하고 게으른 종인가?

클로징워크숍 : 자기개발을 위한 탐색

〈내가 잘 할 수 있는 것 찾기 〉

1. 나의 성장과 개발을 위하여 "하고 싶은 것들"을 모두 가능한 많이 적어보자.

2. 하고 싶은 것과 할 수 있는 것은 다르다. 하고 싶다고 할 수 있는 것은 아니다.
   그럼 "내가 하고 싶은 것들" 중에서 "내가 잘 할 수 있는 것"은 무엇인지 적는다.

3. "하고 싶고, 잘 할 수 있는 것" 중에서 "꼭 해 보고 싶은 것"은 무엇인가?

4. "꼭 해보고 싶은 것"을 하려고 할 때, 지금 어떤 어려움들이 있는지를 적어보자.

5. 그런 어려움들이 있음에도 불구하고 "지금 할 수 있는 것"은 무엇인지 적어보다.

6. "지금 할 수 있는 것"을 위하여 어디서 누구의 도움을 받을 수 있는지를 찾아본다.

7. "지금 할 수 있는 것부터" 어떻게 실천할 것인지 실제적인 계획을 세운다.

⑤

습관5.
몸 살리기로
몸을 활성화라

습관5. 몸 살리기로 몸을 활성화하라.

 # 오프닝 워크숍 : 5차원 체력 진단

01. 항상 바른 자세를 취하려고 의식적으로 노력하고 있는가? -2 -1 0 +1 +2
02. 적당량의 규칙적인 자연식 위주의 식생활을 하고 있는가? -2 -1 0 +1 +2
03. 식사를 통하여 섬유질을 충분히 공급하고 있는가? -2 -1 0 +1 +2
04. 필요한 만큼의 잠을 자면서 숙면하고 있는가? -2 -1 0 +1 +2
05. 취침과 기상 시간이 일정하게 유지되고 있는가? -2 -1 0 +1 +2
06. 배설이 원활하게 이루어지고 있는가? -2 -1 0 +1 +2
07. 정기적인 운동으로 몸을 활성화하고 있는가? -2 -1 0 +1 +2
08. 정기적인 쉼으로 몸의 피로를 풀어 주고 있는가? -2 -1 0 +1 +2
09. 몸을 성결하게 사용하고 있는가? -2 -1 0 +1 +2
10. 다른 사람을 섬기는 일에 몸을 적절히 사용하고 있는가? -2 -1 0 +1 +2

◑ 위의 항목들 중에서 가장 힘든 부분 두 가지를 꼽는다면 어떤 부분인가?
  1.
  2.

◑ 그 항목이 힘든 이유는 무엇이라고 생각하는가?
  1.
  2.

◑ 개선하기 위해서는 스스로 어떤 노력이 필요하다고 생각하는가?
  1.
  2.

1. 먼저 몸에 대한 잘못된 ___________ 생각을 버려야 한다.
 1) 몸에 대한 _______________를 버려야 한다.
 2) 몸에 대한 _______________를 경계해야 한다. 금욕에서 절제로!
 3) 몸에 대한 _______________를 경계해야 한다.

2. 우리 몸에 대한 _______________을 세워야 한다.
 1) 우리 몸은 주님이 창조하신 주님의 _______이다. 우리 몸을 방치하거나 망가뜨리는 것은 악하고 게으른 것이다.
 2) 우리 몸은 주님이 거하시는 ___________이다. 우리 몸을 더럽히는 것은 악하고 게으른 것이다.
 3) 우리 몸은 사명을 완수하기 위한 하나님의 _____________이다.
   우리 몸이 병들고 무디게 방치하는 것은 직무를 유기하는 것이다.

답달기) 1. 3가지 1) 외모 지상주의 2) 금욕주의 3) 건강 지상주의 2. 성경적 가치관 1) 작품 2) 성전 3) 거룩한 무기 30

3. 우리 몸을 부지런히 _________ 해야 한다.

우리의 목표는 주어진 조건에서 몸을 최대한 활성화하는 것이다.

보기에 좋은 몸매(식스펙 등)보다 활성화가 더 가치있고 필요하다.

활성화는 주어진 조건에서 몸의 제반 기능이 원활하게 작동하도록 하는 것이다.

4. 먼저 몸의 활성화를 해치는 _________들을 제거해야 한다.

1) 과로 : 쉬지 못하는 마음, 일중독 …

2) 잘못된 식습관 : 과식 야식 가공식품 패스트푸드 …

3) 쌓이는 스트레스 : 경쟁 실적압박 미래불안 인간관계 재정적 압박 …

4) 잘못된 생활습관 : 과음 흡연 야식 수면부족 SNS과잉 활동부족 …

5) 몸속에 쌓이는 독소들 : 과로+잘못된 식습관+스트레스+잘못된 생활습관+?

워크숍 : 활성화 훼방꾼 찾아내기

해당 항목에 대한 나의 점수에 점을 찍고(10점 만점), 점을 연결하여 다이아몬드를 만들어 나누어 보자.

나눔〉 나는 어떤 부분이 왜 부족한지, 개선을 위하여 어떤 노력이 필요한지 이야기 해보자.

5. 몸 사용에는 _________ 지표가 있다.

1) 활성력 : 주어진 조건에서 몸이 활성화되도록 하는 능력

2) 경건력 : 몸을 말씀의 가르침을 따라 경건하게 사용하는 능력

3) 생산력 : 몸을 생산적인 일에 부지런히 사용하는 능력

4) 사명력 : 감당해야 할 사명을 위하여 몸의 사용을 집중하는 능력

5) 이타력 : 이웃을 돕고 섬기는 일에 기꺼이 몸을 사용하는 능력

워크숍 : 몸사용의 5가지 지표 점검하기

해당 항목에 대한 나의 점수에 점을 찍고(10점 만점),
점을 연결하여 다이아몬드를 만들어 나누어 보자.

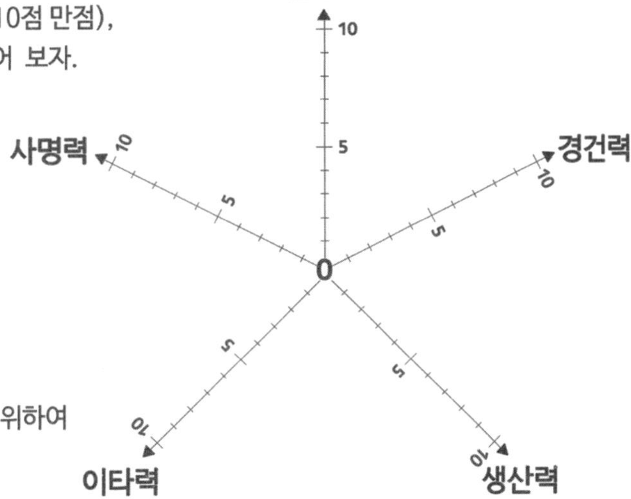

나눔〉 나는 어떤 부분이 왜 부족한지, 개선을 위하여
어떤 노력이 필요한지 이야기 해보자.

6. 몸을 활성화하기 위한 __________ 을 익혀야 한다.

1) 바른 자세 : 앉아 있거나 걸을 때
2) 숙면 : 잠의 양과 잠의 질을 잡아야
3) 쾌변 : 변의 주기와 형태와 색을 관찰해야
4) 건강식습관 : 자연에 가깝고 균형이 있는 식단
5) 5차원 운동 : 생활속에 운동이 자연스럽게 자리잡아야

워크숍 : 5차원 건강법

해당 항목에 대한 나의 점수에 점을 찍고(10점 만점),
점을 연결하여 다이아몬드를 만들어 나누어 보자.

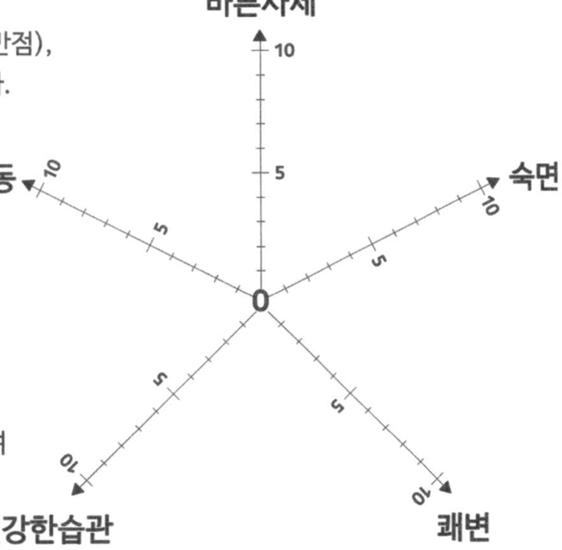

나눔〉 나는 어떤 부분이 왜 부족한지, 개선을 위하여
어떤 노력이 필요한지 이야기 해보자.

워크숍 : 5차원 운동

1. 기본 활성화 운동
1) 1분 스트레칭
2) 발끝치기
3) 플랭크

2. 머리 활성화 운동
1) 십선혈
2) 오관운동

3. 상체 활성화 운동
1) 팔굽혀 펴기
2) 손바닥 치기

4. 하체 활성화 운동
1) 기마자세(고정형 또는 동작형)
2) 까치발(뒷꿈치들기)

5. 최대출력 운동
1) 제자리 1분 스퍼트
2) 주1회 온 몸이 땅으로 흠뻑 젖도록 운동하기

워크숍 : 나의 건강 십계명 만들기

1계명 :

2계명 :

3계명 :

4계명 :

5계명 :

6계명 :

7계명 :

8계명 :

9계명 :

10계명 :

❻

습관6.
성경적 원리로
재정을 통제하라

습관6. 성경적 원리로 재정을 통제하라.

오프닝 : 자원관리 계약서

자원관리 계약서

자원의 구분	자원의 내용(상세하게 기록)
인적 자원	
물적 자원	
시간 자원	100세 – 현재 나이(세) = 년 개월
재능 자원	
언어 자원	
신앙 자원	

위에 기록된 자원의 주인이신 여호와 하나님이며 나는 위임받은 관리자이다.
주인이신 주님과 관리자인 나 (   )는 아래와 같이 계약합니다.

    1. 계약 기간은 한 평생으로 한다.
    2. 관리자는 주님의 뜻에 맞게 자원을 관리하며 사용한다.

본인은 본 계약의 내용을 정확하게 확인하고 서명하므로 약속합니다.

주후   년   월   일

◗ 위탁자
   이름 : 여호와 하나님   주소 : 무소부재   연락처 : 예수

◗ 위탁받은 관리자
   이름 :   주소 :   연락처 :

◗ 공증인
이름	(서명)	이름	(서명)
이름	(서명)	이름	(서명)
이름	(서명)	이름	(서명)

나눔) 나는 재정과 관련하여 어떤 원칙이나 습관을 갖고 있는지 이야기 해보자.

1. 모든 재물의 주인은 __________이시다..
* 시 89:11
* 고전10:26

2. 우리는 모든 재물의 __________ 이다.
1) 나는 __________이 아니다. 주인은 하나님이다.
2) 재물도 __________이 아니다. (마6:24) 주인은 하나님이다.
3) 하나님이 주인되심(Lordship)을 고백하는 행위가 __________이다.
   (1) 십일조의 기원(창14:20)
   (2) 십일조의 적용–하나님의 책망과 약속(말 3:8–10)

3. 모든 재물(복)은 하나님으로부터 오는 __________ 이다.
1) 하나님의 복은 ______의 열매로 온다. (시127:1, 시 128:1–2)
2) 하나님의 복은 ______의 열매로 온다.(왕상17:13–24)
3) 하나님의 복은 믿음의 ______을 통해 온다. (눅 5:3–7)
4) 하나님의 복은 ______을 통해서 온다.(행20:30)
5) 하나님의 복은 믿음의 ______를 통해 온다. (마7:7)
   기도는 하나님이 채우실 공간을 내어 드리는 것이다.

워크숍 : 은혜의 통로 점검하기
해당 항목에 대한 나의 점수에 점을 찍고(10점 만점),
점을 연결하여 다이아몬드를 만들어 나누어 보자.

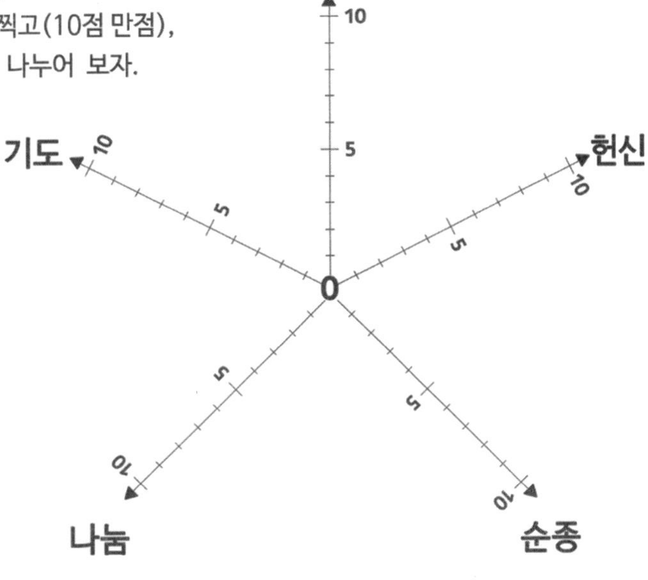

나눔〉 나는 어떤 부분이 왜 부족한지,
   개선을 위하여 어떤 노력이 필요한지 이야기 해보자.

■ 성경적 가르침 – 재물과 사명

1. 모든 재물(복)은 __________ 과 연결된다. (창1:28)
하나님은 _______을 위하여 나에게 재물(복)을 맡기신다.

2. 복은 ________이요, 재물도 ________을 위해 맡기신 것이다.

3. 사명은 ____________을 통해 구현된다.
1) 선교 사명 :
2) 봉사 사명 :
3) 장학/교육 사명 :

4. 충성된 청지기는 ________ 마음으로 재물을 대한다. (잠30:7-9)

5. 충성된 청지기는 재물의 ____을 늘리고, ______을 높이는데 힘을 쓴다.

■ 재물의 양을 늘리는 법
(1) 계획적 소비 : 가계부, 쇼핑 목록표 장성하기 ...
(2) 절제/절약하기 : 재활용, 카드사용자제, 친환경교통이용, 유행견제 ...
(3) 유가증권 활용 : 상품권, 쿠폰, 마일리지, 포인트 적립 ...
(4) 재활용/푼돈 활용 : 저축, 잔돈모으기, 중고거래, 재활용 ...
(5) 창의적인 경제활동 : 성경의 가르침을 토대로 한 경제활동-노동, 사업, 투자...

워크숍 : 재물의 양을 늘리는 다이아몬드
해당 항목에 대한 나의 점수에 점을 찍고(10점 만점), 점을 연결하여 다이아몬드를 만들어 나누어 보자.

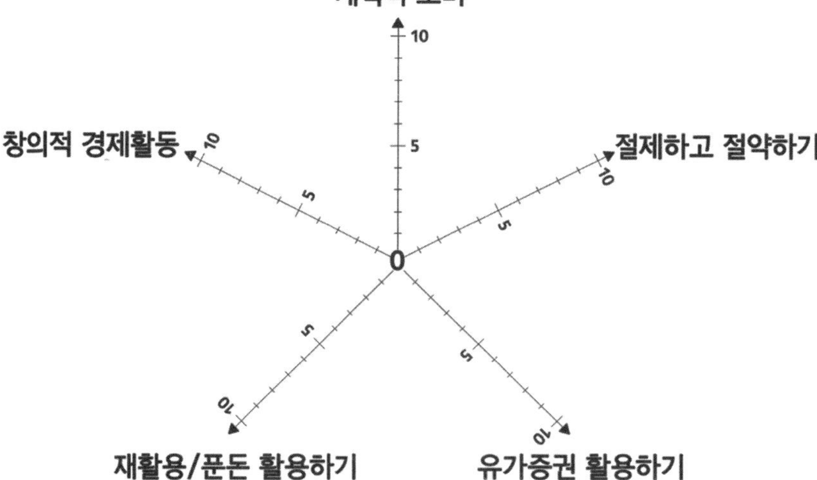

나눔) 나는 어떤 부분이 왜 부족한지, 개선을 위하여 어떤 노력이 필요한지 이야기 해보자.

 답달기) 1. 사명, 사명 2. 사명, 사명 3. 선교, 봉사, 장학 4. 진솔한 5. 양, 질

▣ 재물의 질을 높이는 법

1) 선한 청지기는 재물 _________을 높이는데 힘을 쓴다.
   질을 높이기 위해서는
   돈을 벌 때는 하나님께 영광는 방법으로 벌고,
   돈을 쓸 때는 하나님의 뜻에 맞는 곳에 기뻐하시는 방법으로 써야 한다.

2) 재물의 질을 높이려면 _______________로 나누어 관리해야 한다.
   주머니 이름 : 하나님, 자기개발, 가족, 일/사역, 여가/문화

5개의 주머니	세부항목들
하나님	십일조, 감사헌금, 절기헌금 …
자기개발	도서비, 세미나비, 체력단련비용 …
가족	교육비, 생활비(식비, 의복비) 저축, 연금, 적금…
일/사역	일-사업비, 투자금, 주식 / 사역-선교비, 구제비, 장학금…
여가/문화	문화비, 취미생활비, 여행비 …

워크숍 : 재물의 질을 높이는 5개 주머니 다이아몬드

해당 항목에 대한 나의 점수에 점을 찍고(10점 만점), 점을 연결하여 다이아몬드를 만들어 나누어
보자.

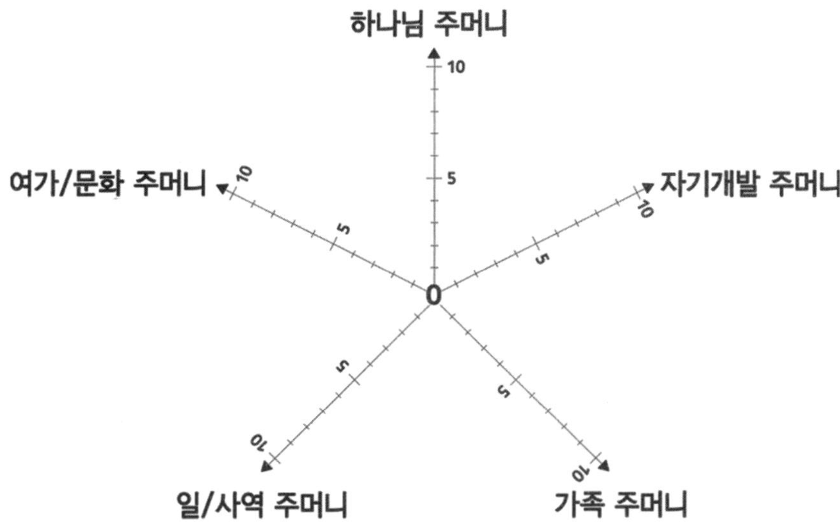

나눔) 나의 다이아몬드는 어떤 모양인가? 모양을 보고 느낀 점을 이야기해 보자.

3) 5개의 주머니는 하나도 빠짐없이 반드시 갖고 있어야 한다.

4) 재정을 배정할 때는 가치 우선순위를 따라 우선 배정해야 한다.
　 우선순위가 뒤바뀌면 생활의 중심이 무너지고 방향을 잃게 된다.
　 재정을 배정하는 우선순위는 다음과 같다.

　 (1)하나님 주머니 (2)자기개발 주머니 (3)가족/가정 주머니 (4)일/사역 주머니 (5)여가/문화 주머니

　 나눔〉 그동안 재정을 관리해온 원칙이나 습관과 어떤 차이가 있는지? 서로 이야기해보자.

5) 각각 주머니의 ______ 는 사람마다 다르다. 예)주부, 학생, 사업가

6) 동일한 항목이라도 사람에 따라 주머니 ______는 다르다.

워크숍 : 항목의 위치 찾기
* 같은 목록이라도 꼭 각자의 입장(목사, 주부, 교사, 회사원 ...)에 따라 가치의 우선순위가 달라진다.
아래 목록들을 보고 각자의 입장에서 가치우선순위의 번호를 괄호에 적어 보자.

> 식료품대(　) 교육비(　) 십일조(　) 도서비(　) 헬스등록비(　) 장학금(　) 사업비(　)
> 영화감상비(　) 여행비(　) 성탄감사헌금(　) 주정헌금(　) 음악감상비(　) TV시청료(　)
> 감사헌금(　) 전기세(　) 접대비(　) 구제비(　) 가족회식(　) 경조비(　) 부활감사헌금(　)
> 세미나등록비(　) 학교등록금(　) 커피값(　) 단기선교비(　) 성지순례비(　) 봉사활동비(　)
> 의복비(　) 퇴직적금(　) 투자금(　) 장학금(　) 수상료(　) 통신비(　) ...

클로징워크숍 : 재정관리 십계명 만들기

나의 재물관리 십계명	
양을 늘리는 길	질을 높이는 길
1계명	6계명
2계명	7계명
3계명	8계명
4계명	9계명
5계명	10계명

　답달기〉 5)크기 2) 위치

⑦

습관7.
플러스 언어로
창조적 에너지를 발산하라

습관7. 플러스 언어로 창조적 에너지를 발산하라.

오프닝 : 말실수 줄이기(1) – 스스로 품위를 떨어뜨리는 말

아래 상자에 있는 말들은 스스로의 품위를 떨어뜨리는 말들이다. 이 중에서 내가 가장 심각하게 생각하는 말 5가지를 찾아서 아래의 빈칸에 적어보자. 혹시 빠진 것이 있다면 첨가하여 적어보자.

그리고 해당 항목에 점수를 주어 다이아몬드를 만들어 보자.

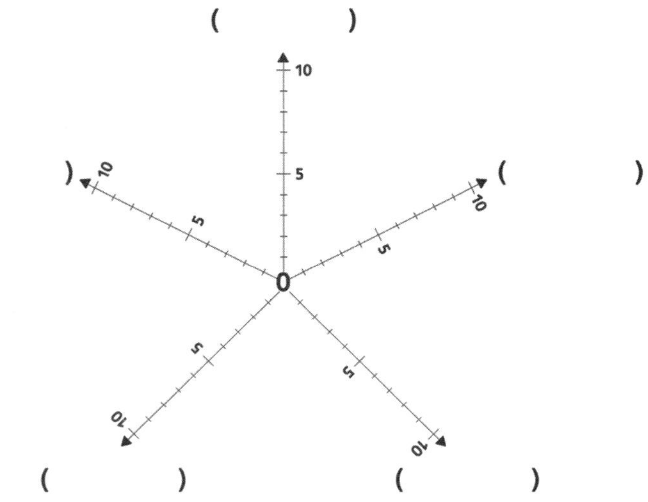

나눔〉 다이아몬드를 서로 보여주면 나누어 보자.

워크숍 : 말실수 줄이기(2) – 상대방에게 가시가 되는 말

아래 상자에 있는 말들은 상대방에게 상처를 주는 말들이다. 이 중에서 내가 가장 심각하게 생각하는 말 5가지를 찾아서 아래의 빈칸에 적어 보자. 혹시 빠진 것이 있다면 첨가하여 적어 보자. 그리고 해당 항목에 점수를 주어 다이아몬드를 만들어 보자.

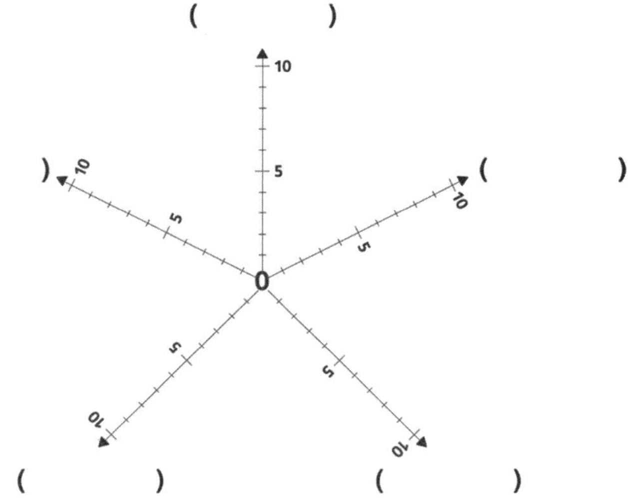

〈나눔〉 다이아몬드를 서로 보여주면 나누어 보자.

▣ 성경적 가르침 – 말씀과 말

1. 하나님과 말씀
1) 하나님은 _______이시다. (요한 1:1)
2) 하나님은 _______으로 천지를 창조하셨다. (시33:6)
3) 예수님은 육신을 입고 오신 _______이시다. (요한1:14)
4) 성령님은 우리에게 _______하시고 _______하시며 가르치신다. (요한14:26)
5) 하나님의 말씀에는 _______ 말씀이 있고, _______ 말씀이 있다. (신11:29, 27장)

2. 성도와 말
1) _______은 하나님이 우리에게 주신 창조적인 선물이다.
2) _______은 그 사람의 _______를 만들고 드러낸다.
3) 말에는 _______ 언어가 있고, _______ 언어가 있다.
4) 하나님의 자녀는 __________를 쓰는 사람이다.
5) 플러스 언어생활을 위해서는 말을 _______법과 _______법을 익혀야 한다.
6) 말을 하거나 들을 때는 다음 3가지를 먼저 점검해야 한다.
   (1) 이 말이 옳은 말(사실)인가? (fact check)
   (2) 옳다면, 꼭 필요한 말인가? (need, usefulness ckeck)
   (3) 옳고 필요한 말이라면, 덕이 되는 말인가? (virture check)

▣ 말을 듣는 법
1) _______하라. 마주 보며 들어라.
2) _______하며 들어라. 마음으로 들어라. 예) 추임새 넣기
3) _______을 생각하며 들어라.
4) _______질문을 하며 들어라. 예) (애매한 표현에) 그 말이 무슨 뜻이죠?
5) _______ 들어라. 들으며 성령과 교감하라.

워크숍 : 말을 듣는 법
해당 항목에 대한 나의 점수에
점을 찍고 (10점 만점),
점을 연결하여
다이아몬드를 만들어 나누어 보자.

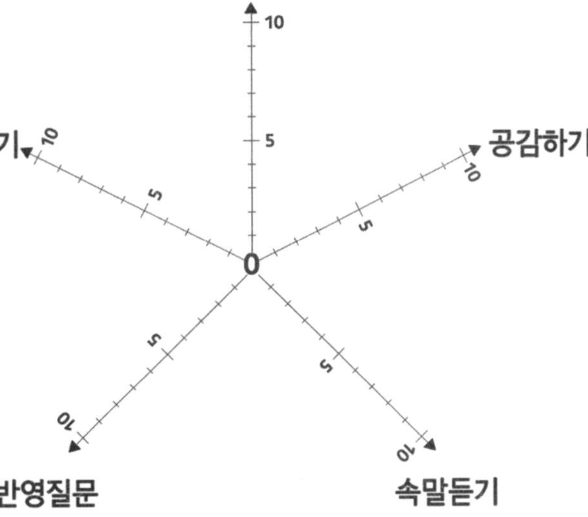

나눔〉
나는 어떤 부분이 왜 부족한지, 개선을 위하여
어떤 노력이 필요한지 이야기 해보자.

▣ 말을 하는 법

1. 경우(때, 장소, 상황)에 맞는 말을 하라.

2. 긍정적으로 표현하라. 예) '순종 안하면...' 보다 '순종하면...'

3. 마음이 상해 있을 때는 먼저 상한 감정부터 전달하라. (I-message)

4. 정답을 말하기 전에 공감하는 말을 하라.

5. 5가지 플러스 언어를 생활화하라(칭찬, 감사, 격려, 축복, 용서/사과).

    1) 칭찬(롬15:2, 잠27:21) : 수고하십니다. 멋집니다!
    2) 감사(엡5:4, 살전5:18) : 고맙습니다. 큰 힘이 됩니다!
    3) 격려(살전5:14, 히10:24) : 너는 소중해! 지지하고 응원할께!
    4) 용서(마6:4, 엡4:32)/사과(마5:25) : 괜찮습니다. / 죄송합니다
    5) 축복(눅6:28) : 잘 될겁니다. 축복합니다!

워크숍 : 말을 하는 법
해당 항목에 대한 나의 점수에 점을 찍고(10점 만점), 점을 연결하여 다이아몬드를 만들어 나누어 보자.

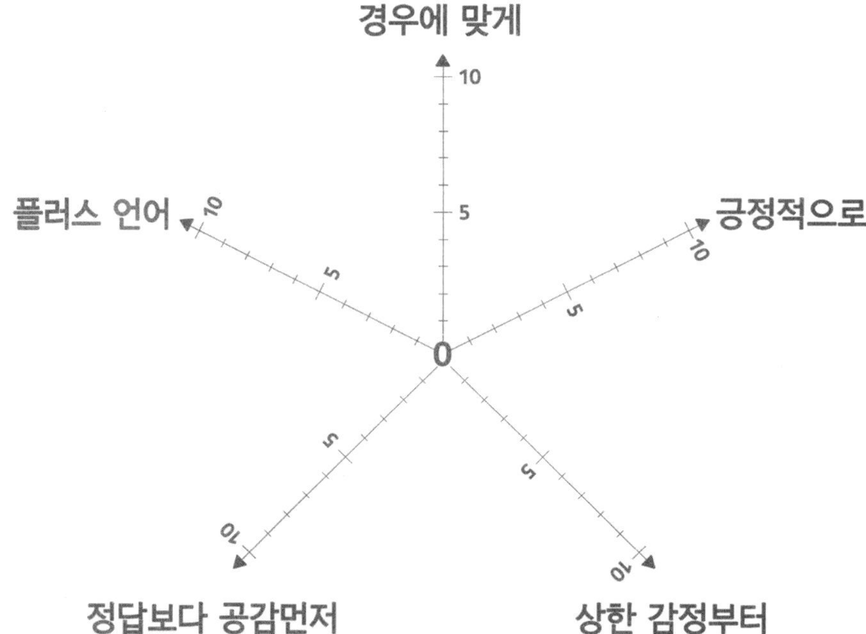

나눔) 나는 어떤 부분이 왜 부족한지, 개선을 위하여 어떤 노력이 필요한지 이야기 해보자.

워크숍 : 5대 플러스 언어 점검하기

해당 항목의 점수에 점을 찍고(10점 만점), 점을 연결하여 다이아몬드를 만들어 보자.

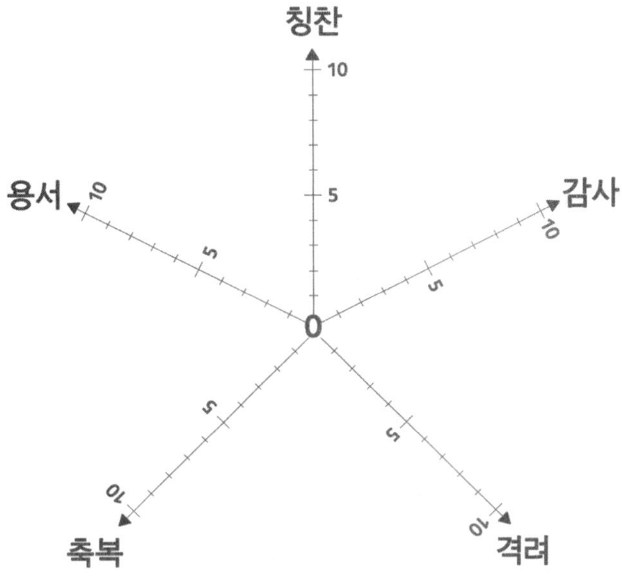

나눔〉 나는 어떤 부분이 왜 부족한지, 개선을 위하여 어떤 노력이 필요한지 이야기 해보자.

클로징워크숍 : 언어관리 십계명 만들기

나의 언어관리 십계명	
말을 들을 때	말을 할 때
1계명	6계명
2계명	7계명
3계명	8계명
4계명	9계명
5계명	10계명

⑧

습관8.
셀프 블레씽으로
자존감을 높이라

습관8. 셀프 블레씽으로 자존감을 높이라.

오프닝 : 지난 날을 돌아보며

1. 아래 표의 (살)에 현재 나이를 기록한다.

그리고 지금까지 살아온 삶의 괘적을 사건 중심으로 그려보자. 행복하거나 즐거웠던 때와 불행하거나 힘들었던 때를 찾아서 점(최고점 +10점, 최저점 ‑10점)을 찍고, 그 점마다 그 때의 나이를 적고 적절한 이름을 붙여 보고, 점과 점을 연결하여 그래프를 그려보자.

+10

0 ━━━━━━━━━━━━━━━━━━━━━━━━━━▶ (살)

−10

나눔〉 그림을 보여주며 이야기 해 보자.

#워크숍-내가 나에게 건네는 말

해당 항목에 대한 나의 점수에 점을 찍고(10점 만점), 점을 연결하여 다이아몬드를 만들어 나누어 보자.

1. '멋지다'고 말해 본 적이 있습니까?
2. '수고한다'고 말해 본 적이 있습니까?
3. '잘 하고 있다'고 말해 본 적이 있습니까?
4. '괜찮다'고 말해 본 적이 있습니까?
5. '축복한다'고 말해 본 적이 있습니까?

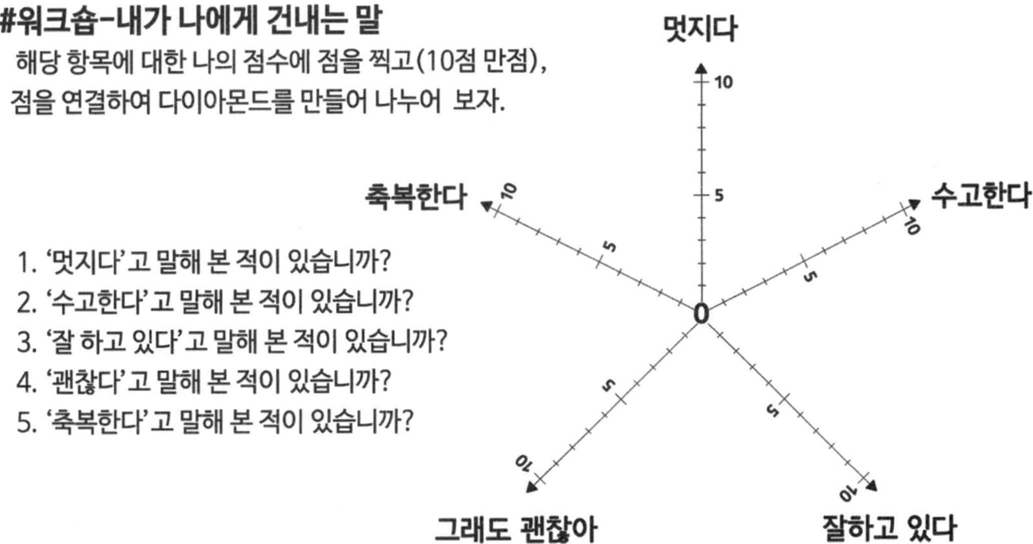

나눔〉 〈내가 나에게 거내는 말〉 다이아몬드를 보고 느낀 점이 이야기 해 보자.

1. 성경이 말하는 나는 어떤 존재인가?

1) 나는 특별설계에 의해 창조된 ___________ 이다. (시 139:14)
2) 나는 하나님의 ___________ 대상이다. (시 34:7, 마 18:10, 히 1:14, 시 23:1)
3) 나는 ________________ 존재이다. (시 8:5, 벧전 2:9)
4) 나는 주님이 피로 값을 치루고 구원해 주신 ___________ 존재이다. (갈3:13, 히10:10)
5) 나는 하나님의 ___________ 자녀이다. (습 3:17, 롬8:32)

워크숍 : 나는 어떤 존재인가?

성경이 말하는 나에 대한 5가지 설명에 대해
나는 어느 정도 동의하는지,
10점을 만점으로
해당 점수에 점을 찍고, 점을 연결하여
다이아몬드를 만들어 보자.

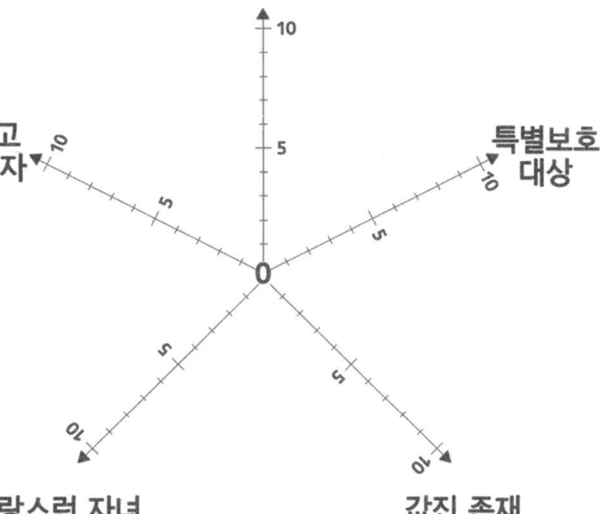

나눔) 나의 다이아몬드는 어떤 모양인가?
　　　왜 이런 모양이 되었는지 이야기해 보자.

2. 하나님은 나를 어떤 마음으로 대하시는가?

1) 수용 : 하나님은 나를 있는 그대로 받아 주시고 사랑하신다.
2) 존중 : 하나님은 나를 있는 그대로 존중해 주신다.
3) 자랑 : 하나님은 나를 보고 자랑스러워하신다.
4) 효능 : 하나님은 나를 가치있고 쓸모 있는 존재로 여기신다.
5) 축복 : 하나님은 내가 잘되기를 바라고 축복하신다.

워크숍

나는 나를 어떤 마을을 갖고 대하는지,
10점을 만점으로
해당 점수에 점을 찍고, 점을 연결하여
다이아몬드를 만들어 보자

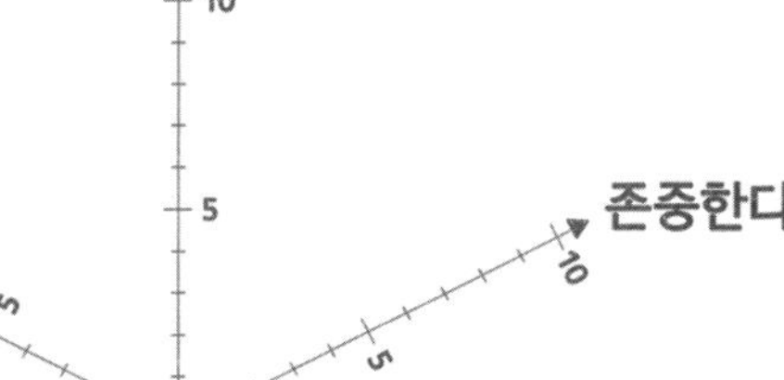

나눔) 나의 다이아몬드는 어떤 모양인가?
　　　왜 이런 모양이 되었는지 이야기해 보자.

3. 내가 나에 대해 버려야 할 세 가지 태도

1) 자기 _______나 자기 _______을 피해야 한다.
2) 자기 _________나 자기 __________을 버려야 한다.
3) 인본주의적인 ___________과 _________을 경계하라.

4. 내가 나에 대해 가져야 할 다섯 가지 태도

1) _______ : 나를 있는 모습 그대로 인정하고 받아들이라. (출3:14 "나는 나다")
2) _______ : 나 자신을 소중히 여기고 존중하며 잘 대접하라. (막12:33)
3) _______ : 스스로를 잘 가꾸고 보살피라.
4) _______ : 자기를 부인하고 은혜로 채우며 주님을 따라가라. (마16:24)
5) _______ : 주님의 이름으로 자신을 격려하고 축복하라. (시42:5 "I&YOU", 시116:7)

워크숍 : 내가 나를 대하는 태도 점검

지금까지 나는 나를 어떤 태도로 대해왔는지,
10점을 만점으로 해당 점수에 점을 찍고,
점을 연결하여
다이아몬드를 만들어 보자.

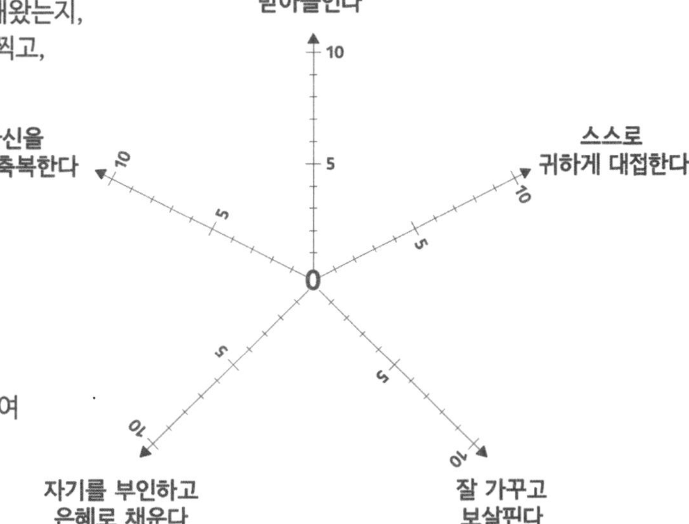

나눔〉 나의 다이아몬드 모양에 대하여
　　　설명하며 이야기 해보자.

5. 내가 나를 축복하는 방법 - 셀프 블레싱

1) _________ 플러스 언어를 익혀라.
　칭찬 : 너 참 멋있어! 참 잘 하고 있어!
　감사 : OOO야, 고마워! 수고 많지.
　격려 : 너는 참 소중해! 잘 하고 있어! 잘 될꺼야!
　용서 : 괜찮아, 그럴 수도 있지!
　축복 : 주님이 나를 사랑하셔!

2) 스스로에게 _______________ 말을 건네라.

3) 스스로 __________________________을 하며 말을 건네라. 예) 토닥토닥

4) 매일 _______ 자신에게 셀프블레싱을 하라.

클로징워크숍 : 주님이 나를 대하듯이 나를 향한 플러스 언어 익히기
거울에 비친 나를 보고 플러스 언어로 말을 건네 봅시다.

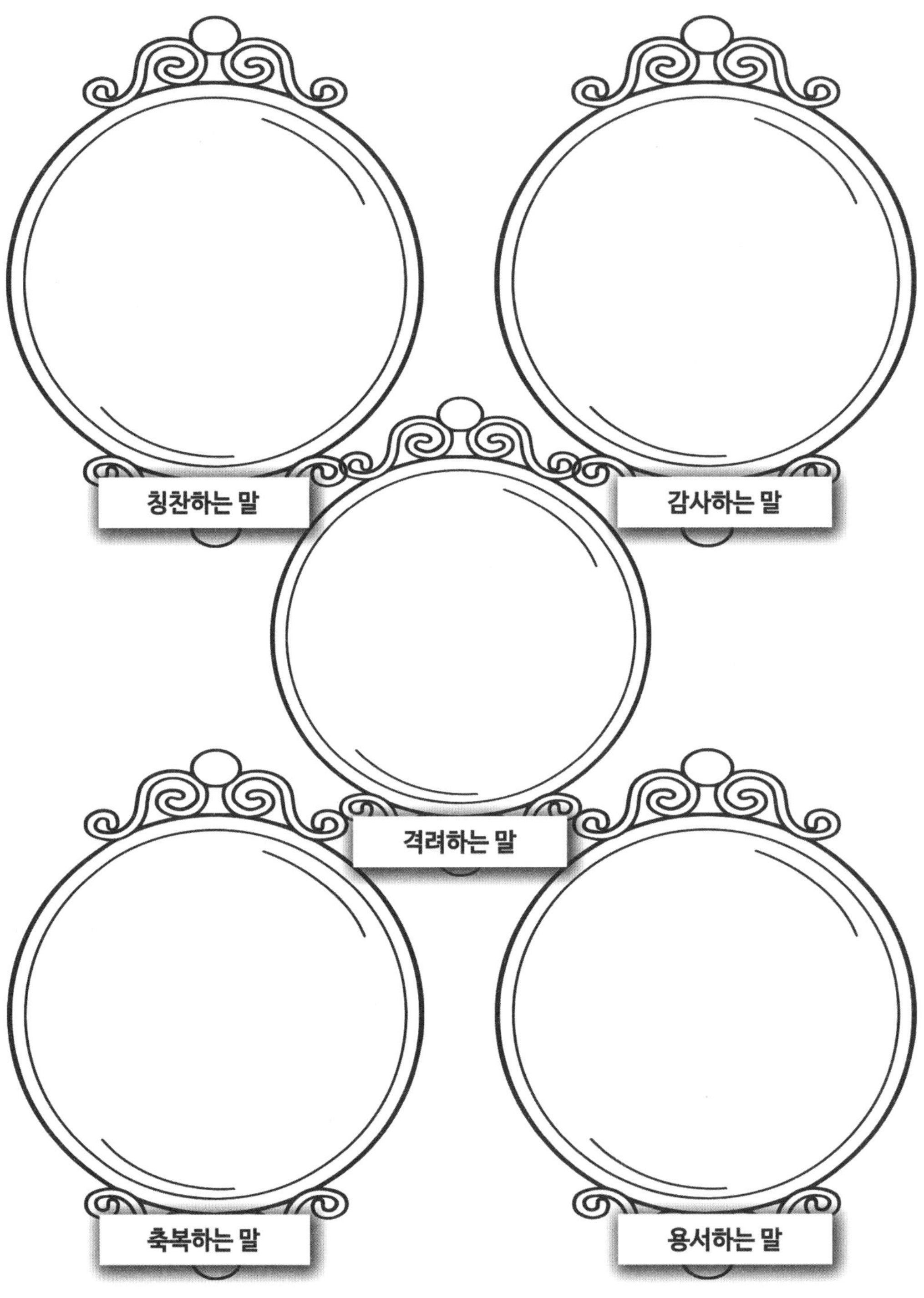

⑨

습관9.
십자 네트워크로
섬김의 지경을 확장하라

습관9. 십자 네트워크로 섬김의 지경을 확장하라.

오프닝 : 섬김 지수 알아보기

1. 문항을 읽고 해당되는 점수를 적어주세요. (−는 소극적 섬김, +는 적극적 섬김)

−10 −9 −8 −7 −6 −5 −4 −3 −2 −1   +1 +2 +3 +4 +5 +6 +7 +8 +9 +10

◄─────────────────────────── 0 ───────────────────────────►

1) 나는 이웃을 보면 먼저 인사를 한다. (점)
2) 나는 상대방의 이야기를 끝까지 잘 들어 준다. (점)
3) 나는 선교나 봉사나 장학을 위해 정기적으로 후원하고 있다. (점)
4) 내가 하는 말이나 행동이 상대방에게 어떤 영향을 줄까를 항상 생각한다. (점)
5) 나는 주위 사람들로부터 다른 사람을 잘 배려한다는 말을 자주 듣는다. (점)
6) 나는 어려움을 당한 친구나 이웃을 찾아가서 격려하고 기도한다. (점)
7) 나는 주위 사람들을 위해 축복하고 기도한다. (점)
8) 나는 지하철이나 버스에서 노약자를 보면 자리를 양보한다. (점)
9) 나는 모임을 마친 후에 마지막까지 남아서 뒷정리에 참여한다. (점)
10) 나는 주위사람이 한 못마땅한 말이나 행동에 대해 이해하려고 노력한다. (점)

2. +점수에서 − 점수를 뺀 점수를 해당 위치에 십자가로 표시합니다.

−100 ◄──────────────── 0 ────────────────► +100
소극적 섬김   적극적 섬김

3. 나의 섬김은 적극적인가? 소극적인가? 적극적(   ) 소극적(   )

4. 가장 높은 점수와 낮은 점수 항목을 소개하고, 나의 섬김 지수에 대하여 느낀 점을 이야기 해 보자.

1. 인간관계의 핵심은 섬김이다.

인간관계는 우리 삶의 필수요소이다. 예)관계지능(HQ), 감성지능(EQ), 사회지능(SQ)
인간관계의 핵심은 이웃을 친화력이나 경쟁자산이 아닌 섬김의 대상으로 보는 것이다.

2. 섬김의 원형은 예수님이다.

예수님은 섬기러 오셨고(요13:14), 자신을 대속물을 주러 오셨다(마20:28).
예수님의 섬김은 자발적이며 적극적이며 자기희생적이다. (빌2:5-8)

1) 예수님은 자원하는 마음으로 섬기셨다. (요서 4:10) 2) 예수님은 자신의 권리를 희생하여 섬기셨다.
3) 예수님은 인카네이션의 마음으로 섬기셨다.   4) 예수님은 먼저 다가와서 선제적으로 섬기셨다.
5) 예수님은 끝까지 지속적으로 섬기셨다.

워크숍 : 예수님의 섬김에 나의 섬김 비추어 보기

섬김의 원형이신 예수님을 볼 때, 나의 섬김은 어느 정도일까?
10점을 만점으로 해당 점수에 점을 찍고,
점을 연결하여 다이아몬드를 만들어 보자.

나눔〉 나의 다이아몬드에 대하여
    설명하며 이야기해 보자.

3. 예수님은 십자가 섬김으로 섬김을 완성하셨다.

1) 십자가 섬김은 사역적이기 전에 실존적인 섬김이다.
   *사역적 섬김은 선교, 봉사 등과 같이 일로서 섬기는 것이고,
   실존적 섬김은 청소, 자리양보, 친절 등, 생활속에서 삶으로 섬기는 것을 가리킨다.
2) 십자가의 섬김은 나에게 필요한 것을 내어주는 섬김이다.
3) 십자가의 섬김은 이웃에게 필요한 것을 제공하는 섬김이다.
4) 십자가의 섬김은 가까운 이웃부터 시작하는 섬김이다.
5) 십자가의 섬김은 보상을 바라지 않는 은혜의 섬김이다. (요한19:26-27)

워크숍 : 십자가의 섬김에 나의 섬김 비추어보기

십자가의 섬김은 생각해 볼 때,
나의 섬김은 어느 정도일까?
10점을 만점으로
해당 점수에 점을 찍고,
점을 연결하여
다이아몬드를 만들어 보자.

나눔〉 나의 다이아몬드에 대하여
    설명하며 이야기해 보자

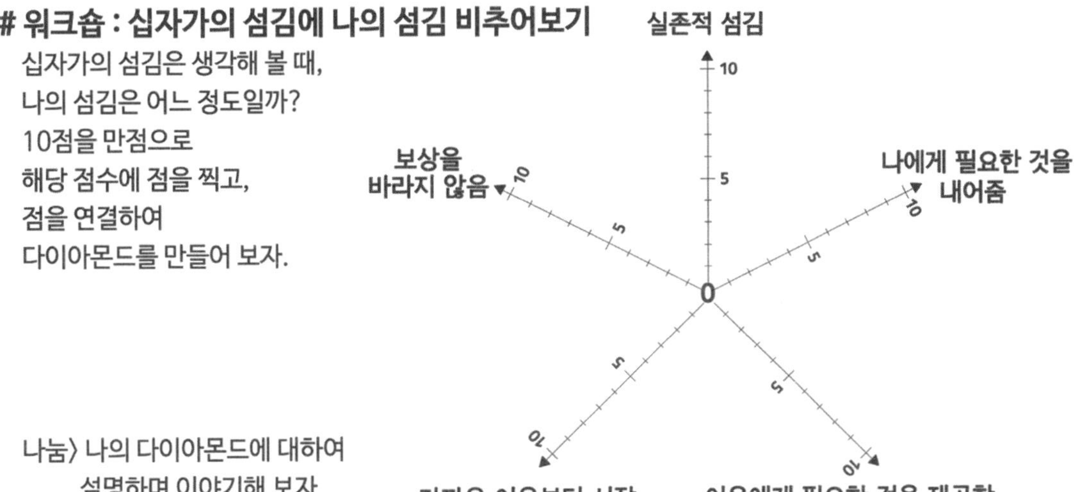

3. 십자가의 섬김은 ______________으로 펼쳐진다. (십자 네트워크)

1) 위　　로 : 목회자, 스승, 선배, 상사 …
2) 아래로 : 교인, 제자, 후배, 부하 …
3) 좌　　로 : 부모 형제 친척
4) 우　　로 : 친구 동료 이웃

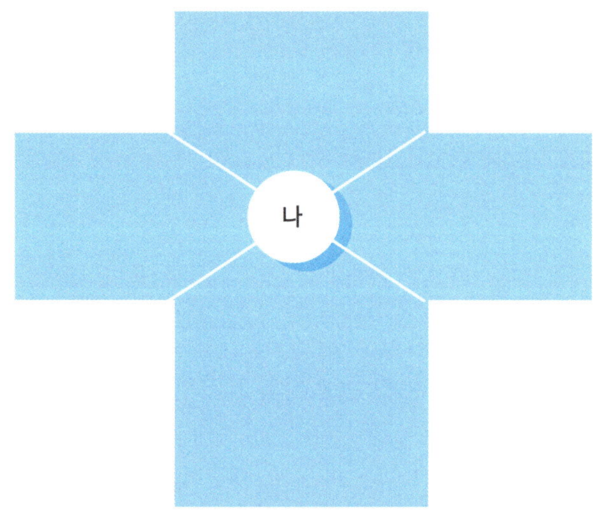

워크숍 : 십자 네트워크

1) 각 방향의 네트워크에 연결된 사람들은 어떤 사람들인지 이름을 적어 본다.

2) 내가 가진 섬김 에너지가 100이라 했을 때 각각의 방향으로 얼마씩 쓰고 있는가?

4. 성경적 섬김은 __________을 통해 구체적으로 나타난다.

1) ______ 섬김 : 양보, 들어주기, 같이 있어주기, 기다려주기, 이야기 들어 주기 등
2) ______ 섬김 : 후원하기, 책보내기 등
3) ______ 섬김 : 지식, 기술 등
4) ______ 섬김 : 중보 사역, 말씀위로 등
5) ______ 섬김 : 5대 플러스 언어-칭찬, 감사, 격려, 축복, 용서의 언어

워크숍 : 5대 섬김 점검
해당 항목에 대한 나의 점수에 점을 찍고(10점 만점),
점을 연결하여 다이아몬드를 만들어 나누어 보자.

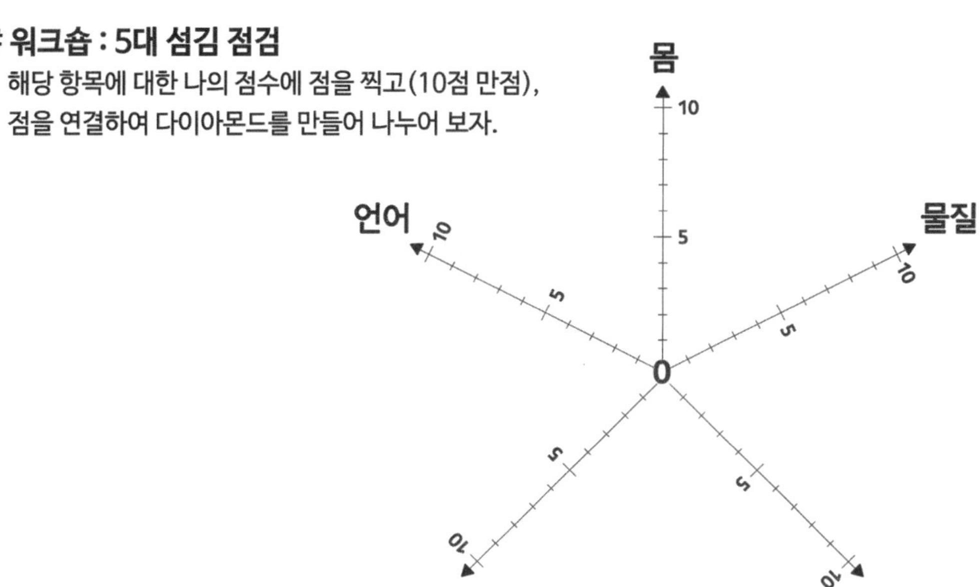

5. 섬김의 출발점은 주변 사람을 향한 ___________이다.
1) 칭찬 : "수고하십니다!" "멋집니다!"
2) 감사 : "고맙습니다!" "큰 힘이 됩니다!"
3) 격려 : "힘내세요!" "사랑합니다!" "같은 마음입니다"
4) 용서와 사과 : "괜찮습니다!"(용서) "죄송합니다!"(사과)
5) 축복 : "축복합니다!" "기도하겠습니다!"

클로징워크숍 : 십자 네트워크와 5대 섬김 점검
십자 네트워크의 4개의 방향에 속하는 어느 한 사람을 선정하여,
지금 이 시점에서 가장 필요한 구체적인 섬김의 계획해 보자.

대상	몸섬김	물질섬김	재능섬김	기도섬김	언어섬김
위로( )					
아래로( )					
좌로( )					
우로( )					

습관10.
감-성일기로
오늘을 마무리하라.

습관10. 감-성일기로 오늘을 마무리하라.

 # 오프닝 : 하루 마무리 할 때

1. 잠자리에 들기 전에 하루의 마무리를 어떻게 하는가?
    1) 그냥 잔다. (   )
    2) 책을 보다가 잔다. (   )
    3) 이야기 하다가 잔다. (   )
    4) 잠간 기도하고 잔다.
    5) 하루를 성찰하는 시간을 잠깐 갖고 기도하고 잔다. (   )

2. 하루를 마무리하는 현재 나의 모습에 대해 어떻게 생각하는가?
    1) 생각해 본적 없다.
    2) 좀 불만족스럽다.
    3) 그저 그렇다.
    4) 만족스럽다.
    5) 아주 만족스럽다.

    나눔) 나는 평소에 하루의 마무리를 어떻게 하는지 이야기 해 보자.

 # 위대한 오늘(The Greatest Today) **만들기**

1. ___________ 가 중요하다. 호10:12 "지금이 곧", 고후6:2 "보라 지금은"

2. 하루 중에서 _________ 이 가장 _________ 이다. 마6:34 눅12:20

3. 위대한 날은 _________ 에 시작하여 _________으로 이어진다.
    창세기 1:5 "저녁이 되고 아침이 되니 이는 첫째 날이니라"
    저녁은 아침과 연동이 된다.
    믿음은 사람은 저녁에 아침을 시작한다.

4. 위대한 날은 __________ 그리고 __________로 마무리되고 시작된다.
    오늘을 감사(appreciate)로 결산하고, 성찰(reflection)로 정리하라.
    그리고 내일을 기대하며 기도하라.
    1) 감사 : 감사한 것 3가지를 떠올려 보자.
    2) 성찰 : 히루를 되돌아보며 반성하고 성찰해 보자.
    3) 기대와 기도 : 내일을 기대하며 무엇을 기도할지 정리해보자.

5. 감사와 성찰의 일기는 다섯 단계로 이루어진다.

1) 오늘 ______ 한 것을 3가지를 찾아 감사하라! (1일3감사)
2) 하루를 ______ 하라! 하루를 돌아보며 점검하라!
3) 짧고 압축적인 ____________ 를 적으라! (한 두줄 정도)
4) 내일 할 일의 ______ 을 작성하고 일정표를 점검하라!
5) 내일을 기대하며, 내일을 ______ 하는 기도로 하루를 마무리하라!

워크숍 : 나의 하루 마무리

해당 항목에 대한 나의 점수에 점을 찍고(10점 만점),
점을 연결하여 다이아몬드를 만들어 나누어 보자.

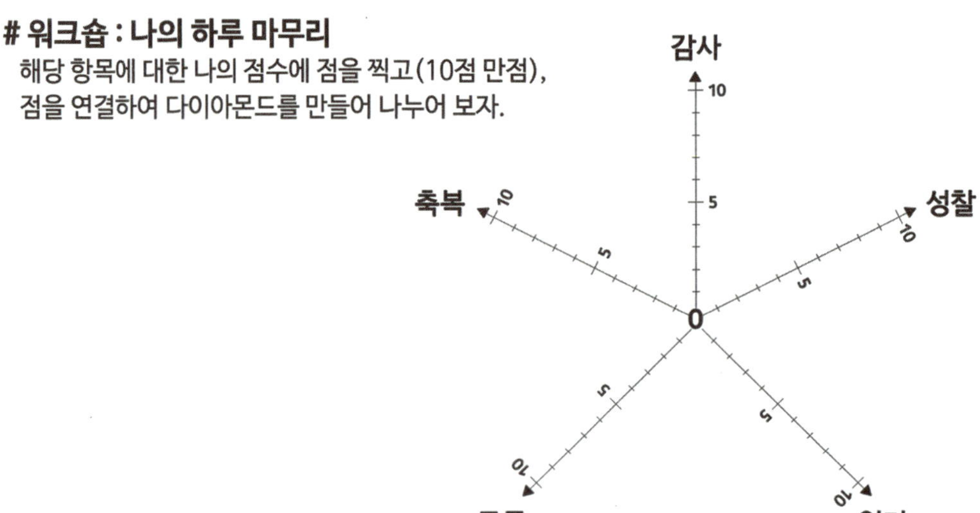

#감/성일기(한 두줄을 넘지 않도록)

잠들기 전이라고 생각하고 오늘의 감성일기를 써보자.

감성일기(예시)	감성일기
오늘은 참 충만한 하루였다. 이럴수록 멈춤기도에 더 충실해야겠다.	

#클로징워크숍 : 내일의 일정

묶음	언제	무엇을(일정목록)
이른 아침		
오전		
오후		
저녁		

   답달기) 5. 1)감사 2)성찰 3) 감-성일기/ 4)목록 5)축복

클로징워크숍 : 내일을 위한 축복기도

워크숍 : 훈련을 마치면서 감사와 성찰 그리고 다짐의 글쓰기

체인지업더라이프 훈련을 마치며

감사...

성찰...

다짐...

년   월   일

이름   (서명)